MW01608797

Eneagrama

Un camino hacia la luz

EDITORIAL
kïer

Cristina M. Graiño

Eneagrama
Un camino hacia la luz

PRIMERA EDICIÓN

EDITORIAL
kiER
Desde 1907 un sello positivo
para un mundo que merece serlo

Graiño, Cristina
    Eneagrama: un camino hacia la luz.- 1ª ed. - Buenos Aires; Kier, 2004.
    224 p.; 20 x 14 cm. - (Psyche)

    ISBN 950-17-3801-9

    1. Espiritualidad
    CDD 291.4

Diseño de tapa:
Graciela Goldsmidt
Corrección:
Prof. Delia N. Arrizabalaga
Diagramación:
Mari Suárez
LIBRO DE EDICIÓN ARGENTINA
Queda hecho el depósito que marca la ley 11.723
© 2004 by Editorial Kier S.A.
Av. Santa Fe 1260
(C 1059 ABT) - Ciudad de Buenos Aires
Tel. (54-11) 4811-0507 Fax: (54-11) 4811-3395
e-mail: info@kier.com.ar
www.kier.com.ar
Impreso en la Argentina
Printed in Argentina

Dedicatoria

A los que, desde donde están, iluminan nuestro sendero para que todos podamos transitarlo.

A los buscadores de la verdad, para que logren abrir sus corazones y descubran que esta se halla en su interior.

e-mail: eneagramacg@yahoo.com.ar

Capítulo I

El que no sabe y no sabe que no sabe, es un tonto.
Aléjense de él.
El que no sabe y sabe que no sabe es un ingenuo.
Enséñenlo.
El que sabe y no sabe que sabe está dormido.
Despiértenlo.
El que sabe y sabe que sabe, es sabio.
Síganlo.

Bruce Lee

QUÉ ES EL ENEAGRAMA Y CUÁL ES SU OBJETIVO

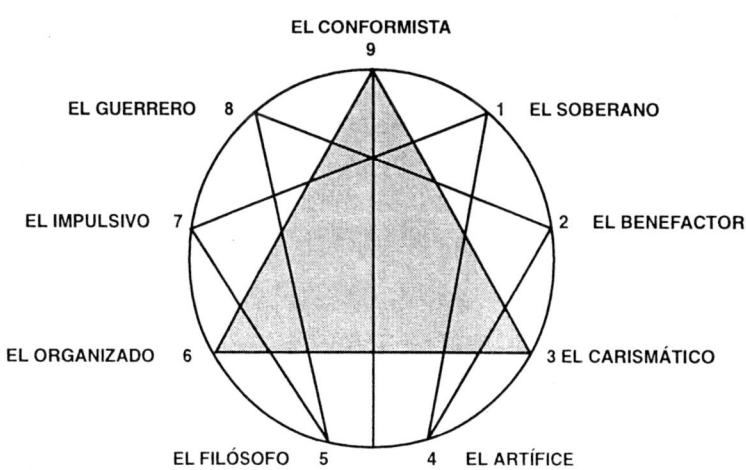

EL CONFORMISTA
9

EL GUERRERO 8 — 1 EL SOBERANO

EL IMPULSIVO 7 — 2 EL BENEFACTOR

EL ORGANIZADO 6 — 3 EL CARISMÁTICO

EL FILÓSOFO 5 — 4 EL ARTÍFICE

El Eneagrama es un símbolo universal y sagrado.

Los símbolos unen, enlazan, representan *algo a descifrar* y nunca podrán ser expresados totalmente con palabras, ya que trasmiten mayor información a medida que el hombre amplía su conciencia.

Es universal porque puede ser utilizado por cualquier *Ser*, sin distinción de nacionalidad, edad, sexo, raza o religión.

Se le asigna el término de Sagrado porque se considera así a todo aquello que trasmite *Verdades Superiores*, y este diagrama contiene las instrucciones completas para que el hombre encuentre el camino de sanar su enfermedad fundamental: *la falta de memoria de sí*.

Como toda geometría sagrada, les habla a los que pueden oír y muestra a los que pueden ver, realidades objetivas que influencian hasta en aquellos que aún no fueron tocados por esa comprensión, a encontrar el significado de su existencia.

Barbara Marciniak dice en su obra *Mensajeros del Alba*:

La geometría es inteligencia que ha evolucionado, un recuerdo de experiencias que es capaz de comunicar enormes cantidades de información. Las formas geométricas son jeroglíficos que cuentan otra historia: "La Real".

Etimológicamente, la palabra Eneagrama proviene del griego y significa: ennea = nueve y grammos = puntos, por lo que se lo ha llamado figura de nueve puntos.

En el caso del Eneagrama, el símbolo es una herramienta para unir la personalidad a la *Esencia*.

Dentro de cada Ser hay una parte eterna, divina, infinita, inmortal y atemporal que es su *Esencia,* y una parte no eterna, humana, finita, mortal y temporal que es su personalidad. Esa personalidad es el medio por el cual puede manifestarse su Ser divino —*Esencia*—, pero deja muchas veces de ser instrumento para convertirse en amo, dirigiendo su vida, sus expresiones, su pensamiento y sus patrones de conducta.

Al alejarse cada vez más la personalidad de la *Esencia*, se produce la gran enfermedad del hombre: *el desconocimiento de sí;* ya que en la *Esencia* está registrado quién es, hacia dónde se dirige y qué es lo que ha venido a manifestar; al convertirse en dueña y señora de casa esa personalidad, comienza a *olvidarse*, a equivocar el sendero y se pierde tomando caminos equivocados.

Cuanto mayor sea el desvío, más avanzada está la enfermedad en el hombre, y una de las herramientas para encontrar esa ruta perdida es este mapa o estructura, el Eneagrama, ya que cuando un símbolo se re-descubre se comienza a vivificar, y para ello es necesario conocerlo y desplegarlo.

La figura representa una estrella de nueve puntas inscripta en un círculo y se compone de tres elementos:

- Un círculo, figura geométrica perfecta, que simboliza la TOTALIDAD, la unidad lograda.

- Un triángulo equilátero, que representa las fuerzas superiores, la TRINIDAD.

- Un hexagrama, figura de seis lados, irregular, que simboliza al HOMBRE.

Las puntas del triángulo y las del hexagrama se combinan en nueve puntos equidistantes alrededor del círculo y expresan una manifestación concreta y parcial de ese total.

Esta figura responde a las dos leyes fundamentales a las cuales se reduce la Creación del Universo en todas sus manifestaciones y procesos. Ellas son la Ley de Tres y la Ley de Siete.

La Ley de Tres afirma que, en el inicio de todo fenómeno, cualquiera que sea, actúan siempre tres fuerzas, denominadas Activa, Pasiva y Neutralizante. El Triángulo Equilátero representa esta Ley.

La Ley de Siete señala que la realización de todo fenómeno completo contempla siempre el paso por siete puntos de transformación y se halla representada por el hexagrama.

El Triángulo crea la estructura de todo fenómeno, en tanto el hexagrama muestra el desarrollo de cualquier fenómeno, el aspecto dinámico de su manifestación.

Por lo tanto, el Eneagrama es una llave válida' para abrir el lugar en que quedó esa *Esencia* escondida por la personalidad, creando y ordenando los pasos que lo conducirán a ello, dado que en él todo fenómeno cabe, y a través de él todo puede ser descifrado.

Tomando esto como punto de partida e instalando en él la conciencia humana, sorprendería al lector ver que esta no está sólo dormida sino fraccionada; es como si dentro de un hombre en realidad vivieran varios: cada uno quiere hacer una cosa, es una multiplicidad psicológica. Esta es "la doctrina de los muchos" para algunos, o la doctrina de los "múltiples Yos" para otros y representan nueve tipos de personajes.

Es decir, existen nueve aspectos de la naturaleza humana que pueden ser encontrados en todos los hombres, sin importar su tipología.

Los nueve puntos de contacto representan las fuerzas contradictorias que lleva el individuo en su interior. Son nueve Personajes que lo gobiernan y dirigen su vida, aunque no se tenga conciencia de ello. Iniciar *el camino del*

Eneagrama consiste en reconocer y equilibrar los mismos, para llegar a su Yo Superior, a su *Esencia*.

Estas diferentes partes se manifiestan en sus vidas y, a través del recorrido del símbolo, se muestra el camino para unificarlas, dado que la idea central es la unidad en todas las cosas; encontrando la unión de la diversidad de la psiquis y logrando guiarlo a descubrir recursos interiores más profundos y duraderos.

Cada hombre tiene una fuerza dominante llamada *Defecto Psicológico*, originado en una actitud compulsiva, mecánica, repetitiva, de la que no es consciente. Reconocer esa compulsión —que no se ha desarrollado al azar sino como mecanismo para proteger la *Esencia* o el verdadero Yo— y aprender a trabajar sobre ella, transformará ese *Defecto* en *Virtud*.

El Eneagrama va a ser ese hilo conductor que lleva al camino hacia la *Verdad,* para acceder a su verdadero Ser. Y, si bien se expondrán los pasos a dar para recorrer el camino, ese camino le corresponde transitarlo a cada uno, dado que es un proceso individual. La decisión de hacerlo tiene que llegar por una toma de conciencia de su situación actual; darse cuenta de que está en una cárcel cuyas paredes levantó él mismo, pero también es él el que tiene la llave para salir de ella. Nadie va a exigírselo. De no desearlo, puede seguir transitando por las ilusiones que le presenta la vida para mantenerlo entretenido en un juego.

Para intentarlo hay que tener valentía, porque en él se va a enfrentar con sus defensas, con su sistema de creencias, con sus máscaras, con sus sombras, con el dolor más profundo hasta que finalmente pueda salir de ese túnel de tinieblas. La tarea, aunque ardua, consiste en internarse en él con la *Fe* y la *Confianza* de que lo va a llevar hacia la Luz que ilumine su *Ser Interior*, afrontando y reuniendo, en esa travesía, a todos los personajes que conforman su personalidad.

El propósito es llegar a la *Esencia*, a su verdadero Ser y no a lo que cree que es. Para ello, debe despertar del sueño hipnótico en que está metido. Por lo tanto, la mirada va a dirigirse hacia su interior, ya que *"el que mira hacia fuera sueña, y el que mira hacia adentro despierta".*

Mirar hacia su interior significará encontrar defectos como la lujuria, la pereza, la ira, el orgullo, la mentira, la envidia, la avaricia, el miedo, la gula... al descubrirlos, los reconocerá y transformará en virtudes.

Esto es lo más importante que un individuo debe llegar a entender: el *despertar* y su posible evolución no son necesarios sino para él mismo.

Así como una computadora posee una memoria para hacer determinadas operaciones, el ser humano tiene un circuito conductual en sus neuronas cerebrales. Desde niño, por influencia de determinados mensajes que le envía su personalidad, ejecuta en forma mecánica determinadas acciones. Al despertar su conciencia, se liberaría a sí mismo de esta programación, desaparecerían las limitaciones que cree tener, logrando "hacer" cosas por sí mismo sin ser manejado compulsivamente por un programa que repite una y otra vez las situaciones que conforman su vida.

Para salir de ese juego o ilusión, que lo mantiene dormido, los pasos a seguir son:

1- Conocimiento de sí mismo (es el punto de partida).

2- La transformación (es el camino a recorrer).

3- La plenitud como objetivo (contactar la *Esencia* profunda del ser, esa fuerza vital que lo anima).

De eso trata este trabajo: de recorrer un camino, no de llegar a una meta.

Pues como dijo George Ivanovitch Gurdjieff, que fue quien lo trajo de Oriente a Occidente:

VE, SIN SABER DÓNDE
TRAE, SIN SABER QUÉ;
EL SENDERO ES LARGO, EL CAMINO DESCONOCIDO;
EL HÉROE SABE CÓMO LLEGAR ALLÍ POR SÍ MISMO
EN SOLITARIO.

Transitarlo es el gran desafío.

El Eneagrama plantea el modo de encontrar luz acerca de cómo es cada uno, ayuda a descubrir los puntos débiles, las conductas que lo perjudican y a poder cambiarlas o llegar a mantenerlas aprovechando mejor las virtudes innatas a través de la ejecución de actitudes de vida conscientes para que ello se produzca.

Utilizando el conocimiento que trasmite el *ENEAGRA-MA,* no sólo se consigue *encontrarse* a sí mismo, sino que es un inestimable sistema de conocer a los demás, y con ello lograr vincularse mejor. Partiendo del autoconocimiento se puede intentar el conocimiento del otro y, al tener una imagen objetiva de con quién uno se está relacionando, permite su valoración, su comprensión y la posibilidad de ayudarlo a combatir sus puntos débiles.

Además, resulta sumamente beneficioso como método terapéutico en cualquier disciplina, ya que sus aplicaciones son ilimitadas, empleándose no sólo en las personas que desean un cambio evolutivo y profundo, sino además siendo de provecho en profesionales de ayuda, psicólogos, terapeutas, educadores, docentes, pedagogos... Actualmente, resulta ser instrumento de capacitación en las empresas, en el área de recursos humanos, para mejorar la

13

comunicación interna, el desempeño de sus equipos y saber cuál es la persona ideal en cada cargo.

Queda el lector invitado a sumergirse en este viaje al mundo interior del Ser que, en ocasiones, moviliza e inquieta bastante, pero que, según mi humilde entender, es la única forma válida para descubrir facetas implícitas y explícitas de nuestra personalidad y llegar al conocimiento de la *Verdad*.

GÉNESIS Y EVOLUCIÓN

El Eneagrama es un modelo muy antiguo de interpretación del mundo, del Universo, del origen y *Esencia* del hombre. Se ha ido trasmitiendo por tradición oral a lo largo de los siglos. Es un misterio cómo y dondè se creó. Algunos dicen que tiene más de 2000 años y tuvo su origen en lo que hoy es Afganistán, en un período cercano al nacimiento de Jesucristo; otros lo postulan desarrollado por los sufíes hace dos mil quinientos años y utilizado como trabajo de iniciación de sus discípulos.

Pueblos avanzados de la cultura antigua, —como los caldeos— se supone que ya tenían contacto con este símbolo.

En Asia Central, región geográfica en donde confluyeron corrientes y pensamientos dirigidos al conocimiento del hombre y al estudio de su Ser Espiritual, este símbolo fue conocido como NAQSH (sello, emblema) o como NOKOU JOU (figura de 9 puntos) en la región que se encuentra entre el Nuristan (Norte de Afganistán) y el Pamir.

Esto nos remite a la antigua orden sufí de los NAQSH-BANDI. En esta corriente mística del Islam, el Eneagrama fue trasmitido en círculos herméticos desde siempre, utilizándose como modelo de guía espiritual para hacer conscientes los errores y posturas equivocadas que son típicas de cada persona.

El sufismo descansa en ciertos elementos claves como la Jihad: la Guerra Santa... contra el ego. Los sufíes atribuían a sus maestros la autoridad espiritual y la mediación con Dios, creyendo que cada generación tiene un maestro que, en secreto, es un hombre perfecto, de cuya presencia depende el mundo. Sólo quienes han alcanzado la experiencia sufí completa —eliminación de la personalidad humana individual, supervivencia con Dios y gnosis— pueden conocer su identidad.

El potencial de un iniciado sufí para la gnosis es una gracia de Dios (determinada desde épocas inmemoriales), que se logra a través de un complicado camino, de atravesar determinadas etapas y estados espirituales graduados. Este proceso se lleva a cabo bajo la supervisión de un maestro sufí que ha alcanzado la gnosis y comienza de forma característica con el arrepentimiento del iniciado, utilizando el diagrama de nueve puntas para mostrar el camino. Para ello forman una escuela de sabiduría en Babilonia llamada Hermandad "Sarmoun" y se cree que allí es donde conoce el Eneagrama Gurdjieff, quien luego lo trae a Occidente.

En el sufismo se encuentra la misma base que en la escuela de Pitágoras: *el conocimiento y la observación de uno mismo.* Para este filósofo y matemático, el simbolismo del número nueve era especialmente importante, porque nueve es la última realización a la que el hombre puede acceder, al ser diez el número de Dios.

Pitágoras trasmitía su enseñanza en forma oral y por medio de figuras geométricas, simbolizó las diez primeras cifras en diez sellos, de los cuales el Eneagrama es el noveno de esos sellos.

La teoría de las pasiones humanas, que utiliza el Eneagrama para mostrar a sus personajes, fue utilizada por Dante Alighieri (1265-1321) en la *Divina Comedia*, cuando habla de que hay nueve grandes ejes en los que cada cual.es libre de luchar contra su pasión y elevarse hacia "los nueve escalones del Paraíso"; o escoger la facilidad y sucumbir hacia "los nueve círculos del infierno". A través del desarrollo del símbolo se notará que los nombres de los nueve círculos del infierno son los de las nueve pasiones del Eneagrama.

La obra maestra de Dante fue comenzada alrededor de 1307 y concluida poco antes de su muerte. Se trata de una narración alegórica en verso, de una gran precisión y fuerza dramática, en la que se describe el imaginario viaje del poeta a través del Infierno, el Purgatorio y el Paraíso. Está dividida en tres grandes secciones, que reciben su título de estas tres etapas del recorrido. En cada uno de estos tres mundos, Dante se va encontrando con personajes mitológicos, históricos o contemporáneos suyos, que simbolizan cada uno un defecto o virtud, ya sea en el terreno de la política como en el de la religión. Así, los castigos o las recompensas que reciben por sus obras, ilustran un esquema universal de valores morales. Durante su periplo a través del Infierno y el Purgatorio, el guía del poeta es Virgilio, alabado por Dante como el representante máximo de la razón. Beatriz, a quien Dante consideró siempre tanto la manifestación como el instrumento de la voluntad divina, lo guía a través del Paraíso. Lo tituló Comedia porque tiene un final feliz, en el Paraíso, a donde llega al final de su viaje. El poeta puede por fin contemplar a Dios y siente cómo su propia voluntad se funde con la divina.

En realidad, el hombre, siempre ha estado en la búsqueda del secreto de la autorrenovación perpetua. Lo podemos comprobar al recordar lo que se leía en el frontispicio del templo de Apolo, en Delfos: *"Te advierto a ti, quien quiera que seas, que si no encuentras dentro de ti mismo aquello que buscas, no podrás hallarlo afuera jamás; cómo podrías conocer las excelencias de las otras casas si no conoces la de la tuya propia. En ti se encuentra el tesoro de los tesoros. Hombre, conócete a ti mismo y conocerás al Universo y los Dioses".*

Dos son los personajes importantes que ayudaron a que este símbolo se difundiera:

1- George Ivanovitch Gurdjieff (1877-1949), científico ruso, filósofo, aventurero, maestro espiritual, escritor y un buscador de la verdad, cuyo sueño fue asociar la sabiduría de Oriente a la de Occidente. Usa al *ENEAGRAMA* para mostrar a sus estudiantes cómo *el ego* se impone al libre albedrío. Nunca manifestó dónde descubrió el Eneagrama, pero se encargó de trasmitirlo en Europa en los años 20, primero en su escuela en las afueras de París, —cerca de Fontainebleau— en el Instituto para el Desarrollo Armónico del Hombre, y posteriormente, junto con sus otras enseñanzas, a través de pequeños grupos privados de estudio en Londres, Nueva York y alrededor del mundo.

Gurdjieff era una persona enigmática, y a pesar de que muchos han escrito sobre él, siempre mantuvo sus actividades en secreto. Aplicaba esta figura simbólica a las danzas sagradas que enseñaba para lograr que sus alumnos tomasen conciencia de sus limitaciones y entrasen en contacto con fuerzas superiores que los elevaran, reconociendo la pequeñez de su personalidad frente al Universo.

Nunca explicó el símbolo en sus libros, pero sí lo nombraba afirmando que: "Cada totalidad integral, cada cosmos, cada planta es un Eneagrama".

Sí escribe sobre este símbolo su mejor discípulo, Piotr Demianovich Ouspensky, no explicándolo por medio de movimientos espirituales con el cuerpo, como lo hacía su maestro. Basa sus enseñanzas en el diagrama, instalando en él la escala musical, para representar la Ley de siete, al hablar de la ley del orden del Universo.

En América comienza a conocerse por intermedio de:

2- Oscar Ichazo, médico boliviano, alumno de Gurdjieff. Imparte sus enseñanzas en el Instituto de Psicología Aplicada en La Paz, Bolivia y sostiene que las aprendió de un hombre misterioso, un maestro sufí en el Pamir, Afganistán, quien le había pedido que su nombre no fuese revelado. A Ichazo se le atribuye el logro de sintetizar las enseñanzas del Eneagrama y de iniciar la tradición de una forma más directa. Comenzó hacia 1960 a dar clases sobre el tema pero, aparentemente, sus enseñanzas no son acogidas en su país con gran entusiasmo, razón por la cual se traslada a vivir a Chile. Enseñó en el Instituto de Psicología Aplicada de Santiago de Chile y en 1971 fundó el instituto Arica. Años mas tarde participaron en sus cursos algunos miembros del Esalen Institute of Big Sur, de California. Entre estas personas estaban Claudio Naranjo, Helen Palmer y Robert Orchs; ellos y sus discípulos se encargaron de difundirlo, introduciéndolo en el mundo de la psicología y del desarrollo personal.

El sistema fue expuesto por primera vez de manera pública en el Curso de Experiencias Religiosas realizado en 1971 en la Loyola University de Chicago. Posteriormente, se dictaron distintos seminarios y talleres por todo el planeta, que permitieron constatar experimentalmente su validez.

¿Cómo un sistema tan antiguo es increíblemente contemporáneo? Porque la naturaleza humana no ha cambiado. Fue mantenido vivo porque funciona y comenzó a ser trasmitido vía oral y escrita a partir de 1984, siguiendo el mismo camino que algunas tradiciones milenarias como la cábala, que después de haber sido confidencial durante siglos, recientemente se ha vuelto accesible para el gran público. En mi opinión, esto sucede porque estamos en las puertas de entrada hacia un gran cambio de la humanidad, en el que participamos todos, ninguno está ajeno a él aunque lo desconozca, y solo podemos acceder a la *Verdad,* encontrando la verdad dentro de nosotros mismos. Para ello, debemos estar dispuestos a ir más allá de nuestra personalidad para alcanzar algo más. Esto exige internarse en un territorio desconocido; sentir, hacer, relacionarse de manera ajena a la que está acostumbrada nuestra máquina mental, contrapartida a nuestros hábitos, reñida con nuestras antiguas y cristalizadas actitudes.

Para poder renacer y entrar a ser una *Persona,* hay que dejar atrás antiguos caminos y lanzarse a un mundo nuevo. Para *"renacer, primero hay que morir"* y lo que tiene que morir son esos *"defectos psicológicos"* que hacen que el hombre no se conozca.

En última instancia, trascender la personalidad es aprender a amar. Sólo *EL AMOR* tiene el poder de salvarnos a nosotros mismos. Porque el Ser no se ama adecuadamente, es que tan fácilmente se pierde en las ilusiones que el ego o personalidad le presenta.

El Eneagrama propone un movimiento. Nada es estático en este planeta en que vivimos, y ese movimiento nos hace dar la vuelta completa de regreso a nosotros.

Parece que es necesario tratar de descubrir el secreto, yendo a alguna parte para aprender lo que uno ya conoce. El sendero siempre hace dar vueltas en círculo, regresando al lugar donde uno está parado. Como dice un proverbio sufí: "El camino más largo alrededor, es el camino más corto a casa".

¿Será parte de la condición humana que se aprendan en forma más complicada las lecciones más valiosas de la vida? Quizás la cristalización mental haga que lo sencillo se complique. Habrá que tratar de simplificarlo y para ello hay que comenzar por desplegar el símbolo.

FIGURAS GEOMÉTRICAS DEL ENEAGRAMA

Está formado por tres elementos: el círculo, el triángulo equilátero y el hexagrama.

EL CÍRCULO

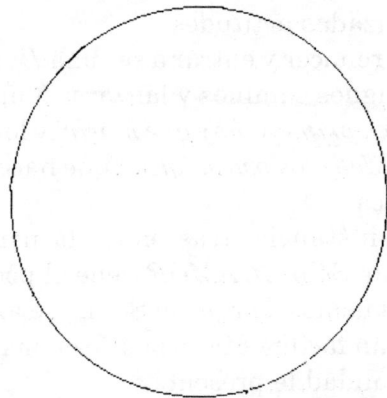

Representa la totalidad; todo lo que esté encerrado en él queda fuera del resto.

En este trabajo se va a considerar que, dentro del círculo, se halla la psiquis del ser humano y representa su mundo interno.

En cada individuo existen dos mundos: *el externo,* que es por el cual se conecta con el afuera, el que se mueve de acuerdo con los cinco sentidos y por el que los otros lo ven; y *el interno,* formado por sus pensamientos, sentimientos y vivencias, que le es desconocido a los de afuera y, aunque no lo sepa, también muchas veces a sí mismo. Esto sucede porque las actitudes en el diario vivir provienen de lo que contiene ese mundo. Para comprenderlo mejor, observe el lector el caso de varias personas que al mismo tiempo ven una película. Todos van a ver algo distinto. Si tuvieran que trasmitírsela a otro, ningún relato sería igual. Esto sucede porque la mente trabaja por medio de asociaciones y, ante cualquier estímulo externo —imágenes de la misma—, comienza a activarse el casete que tiene guardado en su centro intelectual, lo que produce que, como cada uno vivió diferentes experiencias, lo relacione de un modo diferente.

La mente funciona como una computadora: según los datos que están archivados en su memoria, *reacciona* de diferente forma frente al mismo estímulo.

¿Por qué sucede esto?

Gurdjieff aporta un dato muy interesante: el sujeto no tiene una sola mente, sino que cada centro del Ser tiene una mente.

Él afirma lo siguiente: el hombre tiene tres centros: el instintivo-motor, el emocional y el intelectual. Cada uno de ellos posee una mente. Por lo tanto, la reacción ante los estímulos del afuera va a ser diferente según con cuál centro esté operando en el momento en que recibe la impresión.

Ya Platón clasificaba a las personas en tres grandes grupos, en función de lo que les movía a obrar: la voluntad, el sentimiento y la razón. Decía que *"utilizamos nuestra voluntad para obligarnos a hacer lo que nuestra razón determina pero nuestro sentimiento evita".*

Discípulo ideológico de Platón fue Gurdjieff. De ahí que clasificara a las personas también en tres tipos: física, intelectual y emocional, los cuales, según él, seguían tres caminos distintos: el del faquir (voluntad fuerte y disciplina extraordinaria), el del yogui (funcionamiento mental) y el del monje (camino de la devoción y la fe), respectivamente, creando la escuela del Cuarto Camino en la que establece que, cuando se unen los tres centros del hombre, se origina *El Hombre Consciente*. Esto sucede dado que, al alinear tres fuerzas se genera una cuarta, tema que se desarrollará más adelante.

Gurdjieff decía que el hombre tiene diferentes mentes y el intelecto es sólo una de las mentes que posee. Cada centro es una mente de diferente clase.

...Los centros son como máquinas muy delicadas y extremadamente complejas.

Cada uno de ellos fue proyectado para un diferente propósito y empleo. Creer que se tiene una sola mente y que es la única que puede ocuparse de todo, es una ilusión que hace que el hombre piense que es sólo uno; esto es lo que provoca la enfermedad en el hombre.

Si se observan las conductas en el individuo, se verá cuál es el centro o los centros que están trabajando en un momento dado.

Hay tres hombres diferentes en cada hombre: uno es el intelectual, otro es el emocional y otro es el instintivo-motor, que corresponden a estos tres centros o mentes. Cuando no existe armonía interna, el hombre piensa que es una cosa, siente que es otra y percibe por sus sentidos que es una diferente cosa. Esto significa que sus sensaciones —Centro Instintivo— son diferentes de sus sentimientos —Centro Emocional— y de sus pensamientos —Centro Intelectual—...

Cada centro tiene su propia inteligencia, pero no son

de la misma clase. Los tres centros son tres mentes diferentes y deben cooperar como tres hermanos que viven en armonía. Cada cual hace su tarea y es capaz de ayudar a los otros hasta cierto punto. Cada persona tiene un centro más desarrollado que los otros y esto lo convierte en alguien parcial. Al observarse, se desarrollan los otros centros, viendo en qué lugar hay una carencia.

Hay dos centros superiores: el Emocional Superior y el Intelectual Superior. Están desarrollados, pero no se los oye. Sus vibraciones son demasiado finas, por lo que lo denso de los centros inferiores no puede sintonizarse, es decir, no pueden oírse los mensajes que llegan desde los niveles superiores de la Conciencia: *nunca lo inferior comprende a lo superior*. Al equilibrar y purificar los centros inferiores, se logrará escucharlos.

Si se usa sólo un centro o la división externa de él, es decir aquella que está vuelta hacia la vida por intermedio de los sentidos, no se estaría equilibrado; los juicios y decisiones las tomaría como si fuese sólo uno. En este caso se identificaría con esa situación, y sucede que, cuando está identificado, no puede ver la realidad. Al *observar desde dónde escoge sus elecciones,* se producirá *una detención,* dejaría de identificarse con el afuera, y lo que decida va a quedar *grabado* en el interior. Al detenerse y elevarse a un silencio total, se conecta con los Centros Superiores y *los escucha.*

Y aquí aparece el *significado.* Todo tiene significado: un pensamiento, un sentimiento, una sensación. Ese significado conecta con la verdadera *Inteligencia* —no lo que se entiende por ella— que se halla en el Centro Intelectual superior. Ser inteligente es comprender el lugar que ocupa cada uno en el mundo, es buscar la transformación del sig-

23

nificado de la vida cotidiana en sí mismo y ello lleva a un diferente nivel de SER.

Intelectual	
Cabeza	
Emocional	
Corazón	
Instintivo-motor	
Estómago	

El término *Presencia* esconde la palabra *Esencia*, por lo tanto, estar presente es estar en unión de los tres Centros: Instintivo-Motor, Emocional y Mental. Generalmente se está con el físico (Centro Instintivo-Motor) en un lugar, con la emoción (Centro Emocional) puesta en otro lugar y con el pensamiento (Centro Mental) a miles de Kilómetros de distancia. *Donde está la atención está la energía vital.* Al estar esta dispersada, no se alcanza el poder necesario para armonizar ese mundo interno con el mundo externo, por lo tanto, no se puede lograr estar en *Esencia*.

Estar en Esencia es estar en atención consciente o dirigida y esto es *reverencial.* Contemplar el mundo, a sí mismo y a cada uno de los otros con un corazón abierto es lo más poderoso que se puede hacer. Hay una gran "completud" que impregna el Universo, pero cuando se vive y se actúa con atención reverente, se logra el poder, por la atención misma, de amplificar esa "completud". Es así como suceden lo que comúnmente llamamos *milagros.* La calidad de la atención tiene el poder de producir sanación, no sólo a sí mismo y a los otros, sino al planeta todo. El mayor desafío será el no dejarse seducir por el *temor* y entonces, contraerse fuera de la plenitud de la relación fundamental con lo superior. Las vidas individuales terminarán pronto, pero la posibilidad de futuro depende del coraje para confiar en la profundidad de los sentimientos, de ver el mundo tal cual es, de abrir los corazones y vivir en Fe. Esto es lo que se hace cuando se toma un compromiso incontrovertible en el acrecentamiento de la conciencia.

Lo que es decisivo para crecer en conciencia es la *valoración* —que se realiza mediante el centro emocional— ya que la elección de algo surge de sí se valora o no; y *sólo se valora lo que se ama.*

Para ello es necesario vencer las emociones negativas, ya que ellas captan tanta energía y la derrochan, que producen que la persona se *enferme.*

El niño no nace con su inteligencia desarrollada y se ve obligado a *creer* y a *imitar* a sus mayores. Ellos responden a sus preguntas como pueden y allí incorpora un conjunto de creencias, sin proceso reflexivo alguno. La personalidad se forma sobre la base de esas creencias, que luego tomará como propias, pero que son prejuicios y suposiciones que tomó del entorno en el cual se desenvolvía.

Esencia es lo contrario a personalidad, es lo que el ser humano *Es,* lo auténtico, lo genuino, lo real y corresponde a todo lo no programado. Así, la información, la educación y la cultura quedan en la personalidad y el verdadero conocimiento y la real sabiduría forman parte de la *Esencia*.

Al nacer, el hombre no tiene emociones negativas, pero las adquiere por imitación de la gente *programada* que está a su lado, y así comienza a enojarse, amargarse y quejarse. Al trabajar sobre sí, al observarse, *despierta*, dejando aparecer la *Conciencia Escondida o Esencia*. Al empezar a vencer estos estados negativos que lo envenenan, siente el *sabor interior* de ellos y comienza la lucha; ya no los acepta.

La tarea es conocer con qué centro se está accionando o qué centro está interfiriendo; para ello habrá que estudiar, clasificar y poner orden en la vida interior.

Cada uno nace para aprender una lección, para realizar una tarea; y a menos que lo comprenda, la vida carece de significado. Para ello se tiene que aprender de las circunstancias que se presentan, conocer el defecto principal por el que no logra elevarse y trasmutarlo en *Virtud*.

El hombre se cristaliza en la idea de correcto o equivocado, pero estos conceptos son relativos, ya que dependen de un tercer factor: *el propósito*. Los dos conceptos son opuestos, se anulan entre sí, ahora según el propósito de lo que se quiere hacer, la ejecución de un acto es correcta o equivocada.

La personalidad es el vínculo con lo externo, y no permite relacionarse con estos centros. La Esencia es el vínculo con lo interno, y ella sí puede recibir mensajes y nuevos significados.

Al no ser percibido todo este proceso por el hombre, hace que sea un desconocido para sí mismo, y que, en cada situación que le viene de fuera, *reaccione compulsivamente* y no *responda correctamente*, sin darse cuenta de ello.

Cuando un hombre actúa en forma mecánica o dormida sólo trabaja un centro en sus decisiones; al despertar, puede recibir de su Centro Mental Superior y su Centro Emocional

Superior información de alta calidad, o sea, lo que se conoce con el nombre de *intuición*. La Intuición es el conocimiento directo, el conocimiento sintético o de la totalidad.

Para lo cual tendría que desarrollar todos sus centros por igual y utilizarlos correctamente.

¿Cómo se hace esto? Gurdjieff nos dice:

Ya que el Centro Intelectual *piensa* en la calidad de algo, es necesario hacer algún trabajo intelectual. Cualquier forma de pensamiento que requiera atención, lo conecta con el Centro Intelectual; por ejemplo pensar en algo y tratar de recordarlo, leer un libro que exige atención, escribir cartas, hacer cuentas. Esto significa que es necesario ejercitar el pensamiento todos los días.

El Centro Emocional es el que puede *ver* la calidad de algo. Se trabaja este centro observándose y separándose de toda clase de depresiones, emociones negativas, deteniendo la imaginación y trabajando los estados negativos.

Para trabajar el Centro Motor es preciso que el cuerpo *se esfuerce* y esto debe hacerse voluntariamente, si se hace de mal grado es mejor no hacerlo, es conveniente disciplinarse a sí mismo a hacer las cosas.

En el caso del Centro Instintivo —que para este fin es considerado uno conjuntamente con el Centro Motor—, este es extraordinariamente hábil y se ocupa de digerir el alimento, sanar las heridas, vigilar la temperatura, regular los latidos del corazón.

Su importancia es mayor para el cuerpo y pide ayuda a los otros, en caso de enfermedad. No es necesario trabajarlo porque es muy diestro y sabe mucho, pero, téngase en cuenta que si algo anda mal en el cuerpo, se le debe prestar ayuda desde los otros centros. Este centro, como regula el trabajo interior del cuerpo físico, advierte que algo anda mal, por medio del dolor o la incomodidad.

EL TRIÁNGULO EQUILÁTERO

El Triángulo representa la Trinidad, el cielo. Tal como se expuso en la introducción, representa a la Ley de Tres, o sea, la ley de Creación. Esta enuncia que cada manifestación en el Universo es el resultado de la combinación de tres fuerzas, que son llamadas Fuerza Activa, Fuerza Pasiva y Fuerza Neutralizante.

La Fuerza Activa es la primera fuerza, la que da el origen a algo; es la iniciadora, inicia el origen del movimiento. La Fuerza Pasiva es la segunda fuerza, la que se resiste contra ese algo; es la de resistencia o reacción; es la resultante, la que recibe el impulso. La Fuerza Neutralizante es la tercera fuerza, la que logra que por la combinación de ambas sea creado algo nuevo; es la relacionante o equilibrante, la que transporta, vehiculiza la fuerza original, la intermediaria.

Si no se encuentran las tres en conjunción, nada tendrá lugar.

La conjunción de estas tres fuerzas constituye una tríada.

Para comprender esto, obsérvese cuántos sucesos que se inician en la vida luego quedan inconclusos. Esto sucede porque no apareció esa tercera fuerza relacionante que une a las otras dos, es decir, se tomó una decisión, por ejemplo seguir una carrera universitaria (fuerza Activa, deseo) y por no poder financiarla, o no tener el tiempo necesario para hacerlo (fuerza pasiva, temor), se la abandona. Si se hubiera encontrado un nexo entre las dos, en el primer caso generar un ingreso buscando un empleo de menor cantidad de horas, para poder compatibilizar el propósito con el temor a no generar recursos para poderlo mantener; o, en el segundo caso, suprimir tiempos ociosos para ganar horas de estudio (fuerza Neutralizante, equilibrante) se habría alcanzado el objetivo. En la práctica, cuando se determina algo, siempre se tiende a subestimar los pequeños detalles en el camino, que conducen a la meta y son los que luego lo desvían.

En psicología profunda, a estos pequeños detalles se los denomina "puntos ciegos"; lo que significa *suprimir algunas cosas.*

En la teología cristiana encontramos la idea de las tres fuerzas, al afirmar la existencia de Dios como tres personas —Padre, Hijo y Espíritu Santo— unidas en una misma sustancia o Ser único.

El concepto de Trinidad también se lo representa en las virtudes teologales:

- Fe: virtud teologal por la que se cree lo que Dios dice y la Iglesia le propone. Es el crédito que se presta a las cosas, por razón de la autoridad de quien las dice. El significado del término FE es confianza, pacto. Para alcanzarla, hay que abandonar las creencias y confiar en lo providencial o prodigioso.
  "Es, pues, la FE la certeza de lo que se espera, la convicción de lo que no se ve..." (Hebreos 11:1)

- Esperanza: Estado de ánimo en que se presenta como posible aquello que se desea. Virtud teologal por la que se confía en Dios.

...Por su maldad será lanzado el impío; mas el justo en su muerte tiene ESPERANZA..." (Proverbios 14:32)

- Caridad: Virtud teologal que comprende el amar a Dios y al prójimo como a uno mismo.
"Ama a tu prójimo como a ti mismo".

No así en la ciencia está tan clara la idea de las tres fuerzas, ya que si bien en física se reconoce el principio de acción y reacción, no se menciona tanto, por el momento, la tercera fuerza.

El triángulo Equilátero dentro del Eneagrama representa que, por medio del trabajo con este símbolo, cualquier propósito que se tenga puede llegar a término, porque en él las tres fuerzas están presentes y marcadas por los puntos 3, 6 y 9.

En la situación actual del hombre, la personalidad (parte exterior de sí o cáscara), es la fuerza activa —la que formula deseos de acuerdo con modelos que le impone la sociedad—, la *Esencia* (parte interior, lo real), la fuerza pasiva, la que se resiste a que *imite* a otros porque *olvida* quién es y a qué ha venido, y los eventos que le suceden en la vida, son la fuerza neutralizante, que hace que actúe mecánicamente y sea arrastrado por la corriente.

Si se logra *invertir* esa relación, pasará a ser la *Esencia*, o sea la parte verdadera, la que le señalaría el objetivo (Fuerza Activa), y la Personalidad, la parte adquirida, la que utilizaría como instrumento para lograrlo (Fuerza Pasiva). Para ello tiene que modificar la Fuerza Neutralizante, o sea, el elemento de unión, lo que significa comenzar a tener una atención consciente y dirigida, para que, los sucesos que le ocurren en la vida, le sirvan como lecciones de la misma, para un aprendizaje; sin que, suceda lo que sucediere, pierda la dirección a la que apunta.

EL HEXAGRAMA

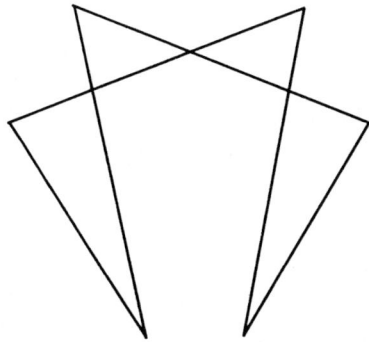

Aquí aparece la segunda ley fundamental, la Ley de Siete, que señala que las fuerzas creadoras no podrán obrar a menos que exista un *orden* de manifestación que contemple el paso por siete puntos de transformación.

Si miramos la figura del Eneagrama, veremos que el hexagrama inserto en el círculo representa estos siete puntos. Partiendo de cualquiera de ellos y recorriendo siete lugares se logra volver a él.

Al ver la figura formada, se notará que, si se gira y se cierra la línea que está desplazada, se forma otro símbolo: La Estrella de David. Diseño geométrico que es *revelado* a quienes aspiraban *despertar* a la humanidad, como los que construyeron las catedrales góticas o el Dr. Edward Bach, creador de su sistema floral.

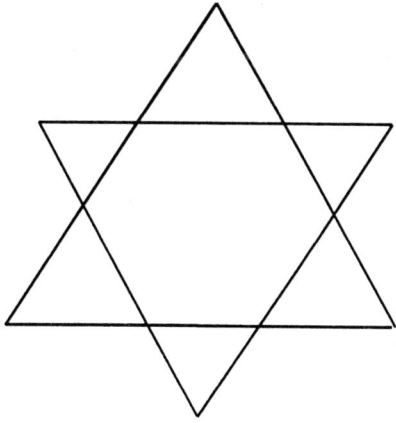

Esta estrella simboliza la unión del cielo (Triángulo Superior) con la Tierra (Triángulo Inferior), en su intersección se encuentra la Conciencia Superior.

Para el lector que conozca las "Flores de Bach", sistema floral que descubre el Dr. Edward Bach, descubrirá que este símbolo se encuentra en la esencia floral más importante de ese sistema, *Star Of Bethelhem*, la flor que crece en Jerusalén y que representa la unidad de todas las cosas, es decir, Dios.

Esta figura trasmite el mundo de lo divino llegando a la tierra (Triángulo Superior) y el mundo material elevándose al cielo (Triángulo Inferior). Recordando lo comentado en la Introducción, que el hexagrama representa al Hombre, se logra descubrir que este está desplazado de su centro y abierto, por lo que pierde su armonía y se desequilibra; para lo cual el Eneagrama, como una brújula, lo guiará a restablecerlo.

Si interpenetráramos completamente los triángulos, se formaría otro símbolo reconocido, que pertenece al simbolismo hebreo, es el "Sello de Salomón". En él, un triángulo termina con un mero punto en el otro triángulo, donde se encuentran el vértice y la base; tiene una zona intermedia, en forma de rombo, donde los dos se mezclan, y cuatro esquinas donde no se produce la mezcla de ambos.

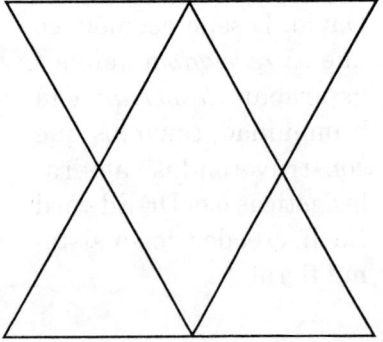

Esto nos habla de que algo superior puede penetrar en algo inferior, si el hombre se abre a nuevos conocimientos, si puede salir de su pensamiento mecánico y elevarse. Lo conseguirá, al ejercer una atención consciente de lo que le ocurre, es decir, trabajando con la parte superior de su Centro Intelectual.

Como podemos apreciar, todos los símbolos apuntan a un mismo significado. Gurdjieff decía: *"el simbolismo debería actuar como un choque sobre nuestro conocimiento"*, por eso es preciso volver a ellos, tratar de descubrir qué es lo que están mostrando y, al observarlos, se comenzarán a movilizar cosas en el interior del hombre, para *despertarse*.

Al insertar el hexagrama en el círculo, se puede observar que, dentro del mismo, se trazan líneas que unen diferentes puntos; son los caminos por los que se tiene que transitar. ¿Cómo se forman? Si se enumeran los puntos de la circunferencia del 1 al 9, se verá en los números del triángulo 3- 6- 9 y en el hexagrama 1-4-2-8-5-7-. Si dividimos a la unidad (el hombre) en siete puntos de trasformación, da por resultado 1, 4, 2, 8, 5, 7, 1, como período recurrente.

Al trazar las líneas que ponen en conexión dichos números —a saber: de 1 a 4; de 4 a 2, de 2 a 8, etc.—, queda formada la figura del hexagrama.

La Ley de Siete habla de un orden para llegar a la solución y la Paz, para alcanzar a la Unidad. Esta secuencia —la división del Ser en siete puntos—, va a ser el *sendero hacia la oscuridad*, o sea, la *partición* del Ser; en tanto que su inverso 1-7-5-8-2-4-1 será el *camino hacia la luz*, hacia la *unidad*.

El Universo está construido con números, tal como lo enseñó Pitágoras, y todo número busca retornar a su fuente (el 1), es decir, a la unidad de todas las cosas. El hombre se halla en un estado de privación, es incompleto, como una creación disgregada y busca completarse, ser Uno.

Se puede apreciar que en el Eneagrama, está representada la interacción de dos leyes, de modo que una no

obstaculiza ni ahoga a la otra, y que así todas las posibili-
dades llegan a ser realizadas.

SIMETRÍA

Trazando una línea vertical invisible, observaremos que
el diagrama es simétrico, o sea, hay una proporción adecuada
que guardan las partes entre sí y con el todo mismo.

Su lado derecho simboliza lo emocional, el mundo de la
realización, lo artístico, lo social, el amor, el futuro, la extraversión, el exterior.

Su lado izquierdo el intelecto, la mente, la razón, la lógica, el mundo de las ideas, el pasado, lo ya probado, la
introversión, el interior.

Puede ser visto como los dos hemisferios cerebrales, lo
consciente y lo inconsciente, el Yin y el Yang; otro símbolo
que nos lleva a la "completud", que une la nada, el silencio,
la fuerza receptiva —YIN— con el todo, la sustancia, la
fuerza dinámica —YANG—.

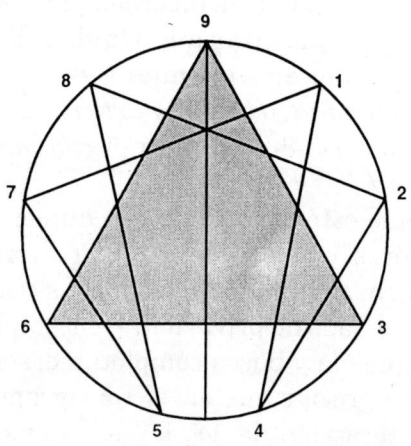

Capítulo II

Quien conoce a otros es prudente.
Quien se conoce a sí mismo es un sabio.
Quien vence a otros tiene fuerza.
Quien se vence a sí mismo es invencible.
Quien vive contento es rico.
Quien quiere con suavidad tiene voluntad.
Quien no pierde su centro perdura.
Quien no se deja matar por la muerte, vive.

Lao Tsé

LAS TRÍADAS DEL ENEAGRAMA

Los nueve puntos de intersección que marcan el Triángulo y el Hexagrama en el círculo, corresponden a la personalidad o la parte externa, por mandatos de padres, maestros, sociedad en la que se vive, religión, partido político al que se pertenece, medios de información, modas de la época, y todo lo que, desde afuera, esté marcando *pautas de vida*. Se comprueba que la personalidad es lo adquirido en el Ser, lo ilusorio, lo no real ni verdadero.

La personalidad significa un conjunto de personajes. Cada punto del círculo va a ser un personaje distinto.

Siempre que se esté caminando por la vida desde afuera, desde la personalidad, se irán interpretando uno de los nueve personajes, de acuerdo con la situación que se presente desde lo externo, aunque siempre habrá uno que sea el predominante en cada uno.

Dicho de otra manera, imagine una obra de teatro que va a ser representada por nueve actores. Cada uno hace su papel entrando y saliendo a escena cuando le corresponde y diciendo su parte, según el texto del autor; pero, como en toda obra, hay siempre un actor que tiene el papel protagónico, es el que más actúa, el que tiene más *letra* y se destaca más. Ese va a ser el *personaje principal,* al que primero se debe abordar, si se busca convertirse en *Persona.*

El hombre tiene nueve personalidades, pero las usa de a una, según las circunstancias.

El Triángulo Equilátero de la figura divide a esta en tres tríadas, la Instintiva, la Emocional y la Mental, de lo cual se deriva que, según cuál es el centro que el hombre tiene más desarrollado, habrá algunos individuos que tomarán sus decisiones por sus instintos, otros que elegirán desde sus emociones, y quienes, desde su mente, decidirán la forma de conducirse en la vida.

Al no utilizar los tres centros en conjunto, en armonía, equilibrados, se andará por el mundo sólo con una parte del Ser. Además, esa porción no es propia, sino heredada, ya que lo real, lo verdadero, lo eterno, es la *Esencia* y a lo que se busca llegar, para descubrir quién Es, y esta se encuentra en el centro del círculo, no en su periferia.

Para tener acceso a ella, hay que descubrir en cada uno, esos personajes, darles la luz de la conciencia, para que no hablen por sí mismos, sino que estén a su servicio, cuando se necesiten. El Yo *real* es el autor de la obra, no sus personajes.

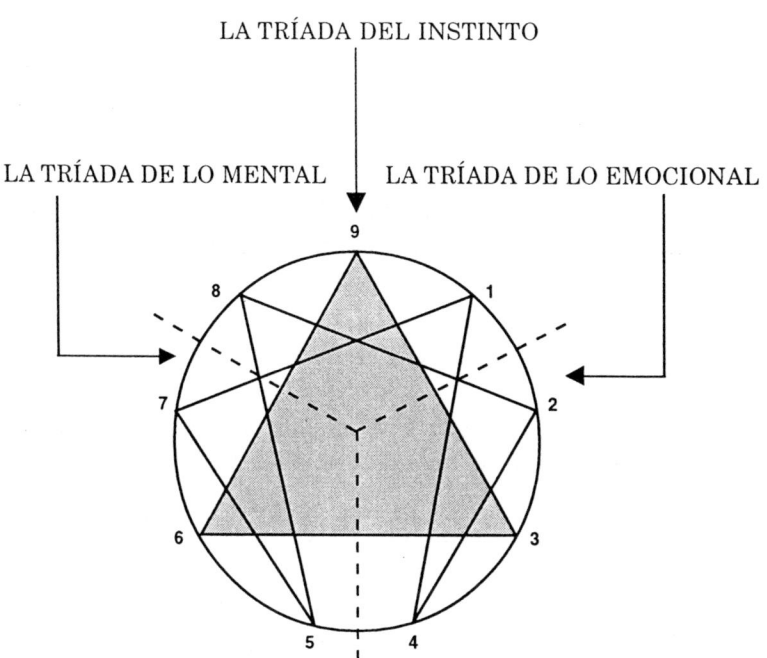

LA TRÍADA DEL INSTINTO

LA TRÍADA DE LO MENTAL   LA TRÍADA DE LO EMOCIONAL

Cada tríada está formada por tres personajes, a los que se los denomina por su número, que tienen entre sí características en común. Veamos cuáles son.

TRÍADA DEL INSTINTO

Personajes 8, 9 y 1. Su centro está basado en *lo corporal*, su acción se asienta en el cuerpo, sus decisiones son tomadas desde sus vísceras; son los impulsivos del Eneagrama.

Este grupo de Personajes tiene sus mayores dificultades en su relación con los demás, pues intentan usar su voluntad para influir en el mundo, sin dejarse influir por él.

Se los reconoce por tener problemas de agresividad. En realidad, todos los personajes del Eneagrama son agresivos en forma diferente, pero en esta tríada, la agresión es un componente de su estructura. A veces, la agresividad va dirigida a ellos mismos, otras, a los demás.

Además se caracterizan por el temor a mostrar su vulnerabilidad. Es la tríada de la rabia y de la represión.

Generan en su interior mucha rabia, dado que piensan que no consiguen lo que quieren, no pueden controlar a todo el mundo, como es su deseo, y sienten que todos están en su contra.

El personaje número 8 va a expresar su rabia hacia afuera, el número 9 no va a reconocerla y el número 1 va a reprimirla.

Viven con represión. Una parte de ellos siente que son inocentes, aunque hayan hecho lo peor del mundo. Reprimen el dolor que les puede causar darse cuenta de que no están haciendo tan bien las cosas o tan éticamente como ellos quieren.

Están en constante tensión, protegiéndose para que no los dañen y cubriendo su corazón y su debilidad. Construyen fronteras muy fuertes a su alrededor, que es necesario derribar para su liberación. Son los personajes a los que más les cuesta conectarse con su mundo emocional, los más controlados del Eneagrama, y eso desgasta mucho sus fuerzas.

TRÍADA DE LO EMOCIONAL

Personajes 2, 3 y 4. Su centro está basado en *lo emocional*. La acción parte de sus sentimientos y de lo que sucede con sus relaciones interpersonales. Sus decisiones son tomadas de acuerdo al corazón.

Son muy sensibles y tienden a ser amables, afectuosos, aunque a la vez manipuladores y con muchos sentimientos de culpa; son los sentimentales del Eneagrama.

Se caracterizan por sus problemas de identidad y de hostilidad.

Dado que no tiene identidad propia y su estima está puesta fuera de ellos, sienten vergüenza y humillación por sí mismos. Para evitarlo, construyen una imagen, todos los personajes la fabrican, pero ellos lo hacen con la esperanza de atraer amor, atención y sensación de valía. Los define la opinión de los demás.

Lo importante para este grupo es llamar la atención: el personaje número 2 para que lo quieran, el número 3 para que lo admiren y el número 4 para no verse tal cual es.

Estos personajes se defienden con hostilidad y crueldad. Van a ser hostiles y crueles con aquellos que no les compren la imagen que se construyen, porque de suceder eso, tienen que irse a su interior para preguntarse qué es lo que no están haciendo correctamente, y ellos no quieren hacerlo.

TRÍADA DE LO MENTAL

Personajes 5, 6 y 7. Su centro está basado en *lo intelectual*. Accionan sobre la base de sus ideas y sus razones. Tienden a ser muy ansiosos, a veces temerosos, pues para ellos, todo debe tener lógica y raciocinio. Son los grandes idealistas.

Se definen por su forma de manejar intelectualmente la angustia y la inseguridad constante; sus decisiones parten de su cabeza.

Esta tríada no se arraiga a la vida, ya que sólo utiliza su mente. El personaje número 5 usa la mente para analizar su vida, el número 6 para preocuparse por sus miedos y el número 7 para ver cómo puede hacer para pasarla bien en todo momento.

El mayor miedo que tiene esta tríada es aquietar la mente. Viven con la sensación de que no tienen apoyo en la vida, están sin seguridad, sin guía interior, se sienten en constante *peligro*. Para evitarlo, su apoyo, su seguridad y su guía será *su mente,* y estiman que, si la aquietan, no existen o *desaparecen.*

Cuando no se logra tranquilizar la mente, el individuo se desconecta con lo que le pasa físicamente, le cuesta sentir el cuerpo y no puede tener *Presencia*. Para estar en *Presencia,* todo Ser debe arraigarse al cuerpo, enraizarse con la tierra; para estar en el aquí y ahora con toda su energía y para ello, debe soltar esa mente y confiar.

En todas las tríadas, el personaje central tiende a ignorar sus necesidades más profundas, por eso a los números 3, 6 y 9 se los llama números primarios. Son a los que más les cuesta reconocerse y trasmutarse, por lo que se observará que, si bien su camino es más corto, les cuesta mucho comenzar a moverse.

A los números restantes, se los denomina números secundarios. A ellos, si bien el recorrido es más largo, les resulta más fácil iniciarlo.

El personaje anterior al central de la tríada sobredimensiona sus necesidades, y el posterior al central, las reconoce pero las reprime, por un valor que cree superior.

LAS ALAS EN EL ENEAGRAMA

Como ya se dijo, al primero que se debe conocer de los actores de la obra que están instalados en la psiquis es al *personaje principal;* al reconocerlo y detectar cuando está hablando por sí, hay que a acallarlo y expresarse desde la autoría propia y no desde un discurso hecho por otro.

Pero es habitual que nunca esté solo, sino que siempre lo acompañe otro personaje, el que corresponde al número anterior o posterior a él, y el individuo, en su accionar, en general, tenga actitudes de los dos.

A este acompañante (porque siempre es uno solo, o el anterior o el posterior al principal), se lo denomina *Ala* en el Eneagrama.

Por lo tanto, la atención no sólo debe estar focalizada en el *personaje principal,* sino además en su socio, llamémoslo así, para descubrirse; porque, como al hombre le cuesta, en muchos casos, reconocerse, lo hace entrar en escena a él. Esto constituiría una *falsa personalidad,* es decir, una careta que superpone a su careta original.

En este libro, se van a detallar las actitudes más comunes de cada personaje, pero es conveniente que el lector antes de *re-conocerse* con alguno, encuentre con cuáles se siente más *identificado.* Puede suceder que, por no querer verse en su número, se encuentre en el de al lado; el propio siempre le *causa dolor,* y esto genera que lo niegue.

Es de tomar en cuenta que siempre lo que se ve en sí, no es uno sino su *sombra.*

El papel de la sombra es de vital importancia en la psicología analítica del Dr. Jung, quien señaló que *"esta sombra lanzada por la mente consciente del individuo contiene los aspectos escondidos, reprimidos y desfavorables (o execrables) de la personalidad. Pero esta oscuridad no es exactamente lo contrario del Ego consciente. Así como el Ego contiene actitudes desfavorables y destructivas, la sombra tiene buenas cualidades, instintos normales e impulsos creadores.*

Es importante aclarar que la sombra no constituye el total de la personalidad inconsciente, sino que representa cualidades y atributos desconocidos o poco conocidos del Ego: aspectos que en su mayoría pertenecen a la esfera personal y que también podrían ser conscientes.

Cuando un individuo hace un intento de ver su sombra, se da cuenta y a veces se avergüenza, de cualidades e impulsos que niega en sí mismo pero que puede ver claramente en otras personas —cosas tales como el egoísmo, pereza mental y sensiblería, fantasías, planes e intrigas irreales, negligencia y cobardía, apetitos desordenados de dinero y posesiones—, en resumen, todos los pecados sobre los cuales podría haberse dicho: eso no importa, nadie se dará cuenta y en todo caso, otras personas también lo hacen.

La sombra contiene generalmente valores necesitados por la conciencia, pero que existen en una forma que hace difícil integrarlos a nuestra vida.

Sería relativamente fácil que se pudiera integrar la sombra en la personalidad consciente con sólo intentar ser honrado y utilizar la propia perspicacia. Pero desgraciadamente, no es siempre eficaz tal intento. Hay tal dirección apasionada dentro de tal parte sombría de uno mismo, que la razón no puede prevalecer ante ella. El hecho de que la sombra contenga opresivo poder del impulso ʸirresistible no quiere decir, sin embargo, que la tendencia tenga que ser siempre reprimida. A veces la sombra es poderosa, porque la incitación del sí mismo señala en la misma dirección y de este modo, no se puede saber si es el sí mismo o la sombra quien está detrás del impulso interior. En el inconsciente, desgraciadamente se está en la misma situación que en un paisaje a la luz de la luna: todos los contenidos son borrosos y se funden unos con otros..."

Lo que significa que la sombra es una parte del hombre que tiene y no acepta tener. El hombre puede poseer sombra positiva, negativa, o ambas. La sombra positiva son cualidades del individuo que tiene y que no las ve en él, pero se las ve a los otros. Cuando dice a alguien, *yo admiro tu inteligencia*, es que no esta honrando la parte de inteligencia dentro de él, está en sombras, porque todos tenemos *todo*.

La sombra negativa es todo lo que no soporta. Al decir, por ejemplo, *yo no soporto la gente envidiosa*, significa que es envidioso aunque no lo vea en él, de lo contrario no podría verlo en el otro; y en el momento que lo descubra en sí, ya no estará en sombra.

Jung afirmaba que el ser humano está en la tierra para iluminar toda su sombra, para hacer consciente todo lo que tiene en el inconsciente. Cuando el hombre se enfrenta con su sombra, se conecta con su dolor más profundo. El Ser trae como misión personal enfrentar ese dolor, y, al sanarlo, sana el dolor del planeta Tierra. Cuando enfrenta su pesar más profundo, lo llora, lo grita; enfrenta su miedo, su rabia, su frustración, su ansiedad, su angustia, se encuentra con la *Esencia*.

Esto significa que, para poder conectarse con la *Esencia,* la idea no es sólo meditar, cerrar los ojos e imaginar luces para conectarse con la luz, sino *hacer el camino*. Ahí puede responder quién es y para qué está aquí.

¿Cuál es la tarea personal del hombre? Hacer ese caminar, porque vino a la Tierra para crecer, para evolucionar, no para *perder el tiempo persiguiendo imágenes diferentes,* sino para *Despertar.* Para eso la vida, que es sabia, le va a poner todo tipo de escenas teatrales, todo tipo de gente, todo tipo de trabajo, todo tipo de situaciones para sacudirlo, y que empiece a percibir la realidad desde otros niveles de conciencia. O sea, ver la vida de una manera más real y menos fingida; de lo contrario, vive una vida que no es real, es *defendida*.

La tarea personal es conectarse con el propio dolor personal. Ese dolor personal que ha venido a sanar —digamos por ejemplo el dolor al abandono— en el momento que lo sana, esta sanándolo a nivel planetario; hay una ley que dice: *todos somos uno*. El trabajo personal está afectando al planeta entero, el hecho de que el hombre se esté trabajando produce modificaciones en el entorno, y al estar en *Esencia,* no sólo avanza él, sino que además ayuda a evolucionar a su familia, a las generaciones que vienen y al todo.

Lo que comparten todos los individuos, aunque unos son conscientes y otros no, es:

- *El odio a sí mismo:* unos lo fingen, en otros es más obvio. Cada uno se va a odiar a sí mismo según su estructura de defensa, porque si no sintiera esta emoción negativa se alimentaría mejor, se amaría más, no viviría en continuo estrés y no estaría tan *dormido* como está.

- *Una profunda resistencia al cambio:* porque en el inconsciente existe el miedo a cambiar. Piensa que todo cambio puede resultarle peor que su situación actual, ya que aunque reniegue de ella, en parte la puede manejar y controlar.

- *Una resistencia a la vulnerabilidad:* intenta no ser vulnerable. Le produce mucho temor mostrarse débil, flojo, defectuoso, censurable.

En el hombre existen el miedo, la rabia, la tristeza, la ansiedad, la angustia, la frustración, la vergüenza, la culpa, las carencias, los conflictos inconscientes. Si reprime sus emociones, se aleja de ser más humano y comulgar con el otro, porque lo induce a sentirse diferente, lo que no es real.

Cada Ser va repitiendo el pasado en el futuro, recrea el pasado todos los días, lo tiene atrapado. No es que este atrape al hombre, esto sucede porque teme al presente y al futuro.

El objetivo es hacer consciente que tiene odio a sí mismo, resistencia al cambio, bloqueo en las emociones... y con compasión y con mucho amor, hacer un nuevo reencuadre de esto. Empezar la vida accionando de maneras no destructivas. Pero el primer paso para cambiar es *despertar la conciencia.*

DE LA ESENCIA A LA PERSONALIDAD.
NIVELES DESCENDENTES

En los siguientes capítulos vamos a describir cada uno de los personajes que componen el mundo interior, y observaremos cómo, cuando *toma la palabra uno de ellos,* o lo que es lo mismo, cuando el hombre *no piensa sino que es alguno de ellos quien piensa por él,* las conductas en la vida van a entrar en una espiral descendente, partiendo de la *Identificación* con ese personaje.

Se denomina *identificación* al fenómeno mental que consiste en la pérdida momentánea, total o gradual, de la *Esencia* o noción de la propia identidad; al ser absorbida esta por un estímulo, producto de un acontecimiento, problema, situación vital, labor o conflicto emocional. La verdadera identidad del individuo como tal desaparece y se disuelve en su personalidad. Al perder la *Esencia,* que es el centro elaborador del significado, la persona deja de sacar provecho personal de sus experiencias al experimentar la vida del autómata a través del ego únicamente. Equivaldría al estado en que queda atrapado el individuo, cuando algo no ve, aunque los demás sí lo pueden ver en él, pero él lo niega. La identificación produce la cristalización de la conciencia. Cuando la conciencia se cristaliza, aparece una *fijación,* el resto pasa desapercibido, ya no se ve la realidad como es realmente, sino una parte de ella, porque queda mecanizado, debido a una imagen que se construye de sí mismo.

Cada personaje utiliza estrategias y defensas para sobrevivir a las dificultades, enviando mensajes que desconectan al individuo de su experiencia interna, generándole ideas que lo obsesionan con ansiedad, preocupación e imágenes mentales, conduciéndolo como un sonámbulo en la vida. Esto lo desconecta de su *Esencia,* y el individuo deja de escuchar los mensajes de ella que no lo incitan a ser alguien en el mundo sino sólo a Ser él mismo.

Al oír los mensajes de la personalidad, el hombre comienza a hipnotizarse por ellos, a entrar en un estado de emociones intensificadas, perdiendo su juicio profundo y por consiguiente, su verdadera voluntad.

La hipnosis representa un estado de *fascinación* ejercido sobre la mente de un sujeto, al ser captada su atención por un estímulo de suficiente intensidad.

Detectar cuándo un personaje aparece en la psiquis y la dinámica que utiliza para el logro de su cometido —*generación de miedo en el hombre*— es una forma de acceder al inconsciente, de comprender lo innecesario y contraproducente de sus comportamientos y sus reacciones, de volver al presente y a la realidad inmediata, de ser independiente, de estar consciente y no quedar atrapado en su personalidad sino pasar al paso siguiente.

El Eneagrama invita a entender que uno no es su personalidad, sino que es un *Ser* que se manifiesta a través de ella y que está esperando la oportunidad para revelarse.

Cuando se escuchan sólo los mensajes de la personalidad, esta empieza a crecer y el hombre entra a alejarse de su naturaleza esencial, siendo este alejamiento gradual, escalonado y progresivo.

El hombre vive, goza y juzga a través de su personalidad y esta es totalmente inestable. Sus parámetros son tiempo y espacio, por lo que difiere según el lugar y momento en que el sujeto venga al mundo, en tanto que la *Esencia* no cambia.

Esta escalera descendente tiene nueve peldaños. Vamos a instalar en cada uno de ellos lo que sucede en su interior, lo que, sin darse cuenta, hace que descienda por sí mismo.

Dichos escalones, nueve, se van a dividir a su vez en tres tríadas de tres. Veremos que a partir de las tres fuerzas que vamos generando, todo es creado para su crecimiento o salud; o para su decrecimiento o enfermedad.

En los tres primeros escalones, el individuo, aún puede considerarse sano, según el concepto de enfermedad del que se está hablando, si bien cada descenso hace que se aleje más de su estado de salud.

- El primer peldaño lo constituye el temor principal. La enfermedad del hombre se produce por el temor. El mecanismo de la personalidad se pone en marcha mediante esta emoción negativa. El temor surge debido a la pérdida de contacto con la naturaleza esencial del individuo, y es el estado que aparece en la oscuridad —de ahí que tenga que ir hacia la luz— y se debe a la incertidumbre de no saber quién es ni hacia dónde va.

La enfermedad en el hombre se produce por la *ausencia de gracia*, debido a que todos los hombres tienen dentro de sí el sentido de desgracia, de finitud, de mortalidad, de irremediabilidad y límite, y la sanación va a llegar cuando logre trascender esta creencia. En el Eneagrama, visto desde el punto de vista de la ley de las tres fuerzas para la creación, esta sería la fuerza pasiva, lo que en el individuo hace resistencia, aunque al no llevarlo a la conciencia, lo niegue.

Si logra superar el temor, la persona se libera, trasciende su personalidad y se actualiza a sí mismo —esto significa que no repite jugadas anteriores sino que acumula aprendizaje—. Allí recupera sus dones, capacidades y virtudes, logrando equilibrio y libertad. Está a punto de cambiar de polaridad —de revertir el triángulo— aunque aún no se mueva en su camino hacia la luz.

- El segundo peldaño es la aparición del deseo. Cuando no logra trascender ese temor principal, el inconsciente genera un deseo para compensarlo. Es el modo de defenderse del miedo y poder continuar *funcionando*, es lo que cree que le hará estar bien, seguro, tranquilo, feliz. A partir de ese momento, surge el *ego o personalidad,* porque ella es la que le dice cuál es el programa a seguir. Dicho en otros términos, al sucumbir al temor, comienza a desarrollar su personalidad, apareciendo sus defensas en respuestas a la angustia creada. Es la fuerza activa, e inicia la espiral descendente.

- El tercer peldaño consiste en la creación de una imagen de sí mismo. La palabra imagen deriva de imago —que significa reflejo—, por lo tanto ya deja completamente de ser él mismo, para buscar convertirse en quien anhela ser. La fuerza neutralizante es la vida externa, sus mandatos, lo que le *venden* desde afuera los demás. Cuando el vehículo o fuerza neutralizante es lo externo, empieza a creer que es otra cosa. Esto significa que el sujeto va a empezar a venderse esa imagen a sí mismo, para poder luego salir al mundo y vendérsela a los demás.

Antes de pasar a la segunda tríada, aparece en este lugar *la señal de alarma*. Un aviso que vendrá desde la *Esencia*, que le advertirá que, si sigue esa dirección, comenzará a no estar sano, sino en un nivel promedio. Este toque de atención es llamado por Don Riso, en su libro *Tipos de Personalidad: tentación característica*. ¿En qué consiste la tentación? Es la posibilidad de *darse cuenta* y ascender nuevamente hacia la luz.

El término Tentación (del latín: Tentatio) significa estímulo o instigación que induce o persuade de alguna cosa mala. De ahí se deduce que es la capacidad de ser consciente o inconsciente de lo que se está haciendo, de ser responsables —el que responde de sí—, o irresponsables de lo que se tiene que hacer. La tentación es la oportunidad que se tiene de subir, si no la hubiera no crecería; la elección de ser noble o indigno, impecable o maculado: es una cuestión de decisión interna. Juega tanto a favor como en contra. Por ejemplo, si a alguien le dan mal un vuelto lo están tentando, si lo devuelve es justo, si no *cae en la tentación*.

En los Evangelios esto es mencionado en la oración del Padre Nuestro: ... *Y no nos dejes caer en la tentación...* El hombre, al ser tentado se le da una oportunidad. De acuerdo a cómo la *aproveche* pasa la prueba o no. Si la oportunidad, al ser tentado, la usa irresponsablemente refuerza un *defecto psicológico*.

Reflexionando, el hombre siempre tiene dos opciones:

1- La difícil, buscando la honestidad.

2- La fácil, buscando la autojustificación.

Cuando no escucha esa señal, por no estar en atención consciente, continúa bajando y llega al:

- Cuarto peldaño. Allí sale a vender a los demás esa

imagen que construyó en el tercero. Se comporta de modo que los demás consideran normal, pero se identifica con su personalidad y sólo desarrolla una parte de su capacidad humana. El ego cada vez se infla más (o se desinfla, como pasa en determinados personajes), y piensa que es *superior o inferior* a los otros. Aquí aparece el desequilibrio, queda atrapado en su papel social y trata de que los demás apoyen sus argumentos. Las defensas aumentan, se sigue descendiendo de nivel. Si esta situación no se revierte, creará más conflictos.

- En el quinto peldaño aparece el error de percepción en su mente. El individuo intentará controlar el ambiente. Si fallan los mecanismos de defensa creados, comienzan los conflictos. Este es un punto crítico en el deterioro, ya que desde aquí hacia abajo, los rasgos se vuelven más egocéntricos, difusivos y conflictivos y comienza a convencer a los demás de *cuán importante es.*

Denominaré al desvío que aparece aquí, con el nombre de *Defecto psicológico,* llamado también Pecado Capital. Hay que volver a detenerse en el significado de las palabras.

El término *Pecado* viene del latín y significa falta, error, equivocación.

Y *Capital* deriva de cápita y significa cabeza.

Es decir, *error o equivocación de la cabeza* que se produce por una situación egoica: intentar imponer su imagen por la fuerza y buscar satisfacer su deseo con agresividad, de modo sutil o abiertamente.

- En el sexto escalón comienza a sobrecompensar conflictos y angustias que fueron causadas por su distorsión. Dicho de otro modo, al surgir conductas que los demás encuentran objetables, ese individuo empieza a apartarse de los demás, cree que es incomprendido por ellos; o los demás se alejan de él debido a que es intolerable su modo de actuar. Se siente presionado y ejerce una reacción que lo llevará a otros resultados. A esta instancia se la denomina *Consecuencias de su conducta.*

Aquí, antes de seguir descendiendo —como sucede entre el punto tres al cuatro— la esencia, que *no lo abandona nunca,* aunque cada vez está más escondida, le vuelve a avisar de alguna manera que no está haciendo las cosas correctamente. Es otra *oportunidad* y, su modo de hacerlo, es desviándole hacia otro personaje que tiene una actitud contraria a la que está llevando para que se dé cuenta de que *está haciendo mal los deberes,* que su comportamiento lo está conduciendo a una situación peligrosa.

Si está en atención consciente, lo descubre y vuelve a subir, en caso contrario, continúa bajando por la pendiente. En muchas ocasiones comprobaremos que, en esta instancia, cuando el peligro es muy grande, el individuo puede quedar en esta etapa, cristalizado y recluido para no hacer más daño. Por ejemplo, aquí puede suceder que termine internado en hospitales o neuropsiquiátricos, en privación de la libertad o en algún tipo de claustro.

En caso de perderse esta segunda oportunidad, entra en la parte más enferma de su Ser, dirigiéndose al:

- Séptimo escalón. Aquí ya está desconectado totalmente de su verdadera naturaleza esencial y de la realidad. Sus defensas ya no funcionan y se producen graves reacciones. Cada personaje va a emplear una táctica de supervivencia, una respuesta autoprotectora, en un intento para auxiliar al Ego. Esto viola la integridad del *sí mismo* o la de los demás.

- En el octavo escalón aparece la conducta compulsiva

y el pensamiento delirante. A medida que aumenta la angustia, se producen conflictos intrapsíquicos serios y la persona intenta rehacer la realidad. El pensar, el percibir, el sentir y la conducta se distorsionan. Este ya es un estado neurótico grave, no tiene capacidad para resolver los problemas que se le presentan, sino que sólo reacciona con mayor presión para que el entorno los solucione.

- Llegamos finalmente al noveno peldaño, donde se expresa la conducta destructiva. Al abandonarse a sí mismo y haber perdido totalmente contacto con la realidad, el individuo se pone deseoso de destruir a los demás o a sí mismo, para seguir evitando su angustia y su necesidad de reconstruir su vida. En este momento, su temor básico se hace realidad.

En la descripción de cada personaje, titularemos *sendero hacia la oscuridad* a estos tres últimos escalones.

La enumeración de estos nueve escalones es la siguiente:

1- Temor Principal.

2- Deseo Compensatorio.

3- Creación de una Imagen.

Señal de Alarma.

4- Identificación.

5- Defecto Psicológico.

6- Consecuencias de su Conducta.

Nueva Oportunidad.

7- Táctica de Supervivencia.

8- Pérdida del Contacto con la Realidad.

9- Conducta Destructiva.

Es importante aclarar que no se está hablando de patologías según la medicina convencional, sino que pueden ser las conductas de cualquier ser que deambula por el mundo.

En el próximo capítulo conoceremos al primer personaje de la tríada del instinto, el número 8.

En cada personaje, inicialmente, se mostrará el camino del descenso, hacia la inflación o deflación de la personalidad; luego la forma de *desandar los pasos*, es decir, las actitudes a adquirir, modificar o abandonar para iniciar el ascenso hacia la *Esencia,* y finalmente, cómo realizar *el camino hacia la luz* a que nos conduce el Eneagrama, siguiendo su camino interno, al lograr trasmutar ese defecto en su virtud opuesta, para *bien usar* talentos que posee y recibir su Don.

Cabe aclarar que el término *virtud* se refiere al hábito y disposición del alma para las acciones conforme a la ley de la ética, que *talentos* son las dotes o herramientas que se encuentran en el individuo teniendo este libre albedrío en su uso y *Don* es una dádiva, un regalo, obsequio o presente que viene de lo Divino y que trasciende la naturaleza humana, recibiéndose sólo cuando se obra virtuosamente y para ser entregado a su vez a los demás, ya que se multiplica al participarlo.

La tarea es pues, adquirir suficiente virtud y utilizar correctamente los talentos para acceder a entrar en la *Gracia;* y, aceptando la voluntad divina, acoger los dones.

Al recibir esos dones, se comienza a ser servidor, ya que no son para el propio provecho sino para tener la responsabilidad de comunicar con alegría lo recibido.

"Con sencillez aprendí (la sabiduría) y sin envidia la comunico; no me guardo ocultas sus riquezas" (Sabiduría, Antiguo Testamento, 7:13).

Capítulo III

De algún modo, la realidad se encuentra allí,
en la forma en que nos relacionamos con los
problemas diarios. Si nos relacionamos con ellos
de un modo simple, trabajaremos de manera más
equilibrada y las cosas se arreglarán correctamente.

Ram Dass

TRÍADA DEL INSTINTO

PERSONAJE N° 8: EL GUERRERO

Es el personaje de poder, agresivo, confiado en sí mismo, fuerte, asertivo. Amante de la protección, de obtener recursos y tomar decisiones; dotado de una gran vitalidad que lo lleva a superarse en el día a día.

Como todos los integrantes de esta tríada, es instintivo, su paso del impulso a la acción es breve, utilizando su fuerza de voluntad para lograr independencia y aumentar su poder sobre los demás. En general sabe lo que quiere y es directo en sus afirmaciones.

Arma su sistema de valores alrededor de la fuerza, la determinación, el esfuerzo y la justicia, considerándose como el que aplica la equidad. Siempre está dispuesto a ayudar a sus amigos y allegados, sobre todo cuando imagina que son tratados injustamente, ya que aspira a que los que lo acompañen vivan más felices.

Puede obtener todo lo que quiere, tiene "buen olfato" para encontrar la decisión correcta y se convierte rápidamente en líder de sus amigos.

Representa el arquetipo de lo masculino, emana una fuerza que hace que los otros se sientan atraídos e inspirados por él; desprende una poderosa energía y tiene la cualidad de ser magnético, para convencer a la gente de que lo siga.

Puede ser abiertamente beligerante, irracional y desafiante, debido a que le encanta por naturaleza retar a la gente, a los amigos, a las convenciones sociales, a la vida. Siempre va a la conquista de su existencia, compitiendo con todo el mundo y controlando a la gente para que no lo dañen. Se muestra como el héroe y se abre camino por la fuerza. Le encantan las luchas de poder y los enfrentamientos.

Es uno de tres personajes de mayor energía en la psiquis —los otros dos son los números 2 y 5—. Por tener tanta fortaleza física y psicológica, consigue ser jefe —de empresas, de familia, de grupos— dado que puede controlar, dirigir y contener a la gente.

Pertenece al grupo de los reactivos, junto con los personajes 4 y 6, ya que reacciona emocionalmente frente a las actitudes externas y tiene dificultad en saber hasta qué punto confiar en otras personas.

Su tema es la rabia y la expresa hacia fuera, poniéndose en guardia para defenderse y que no lo hieran.

Es el líder del Eneagrama, siempre queriendo mandar y sintiéndose poderoso, odiando a la gente que anda con vueltas y a los haraganes.

Sus adicciones son al trabajo, la alimentación abundante, las bebidas alcohólicas y al tabaco.

Su compulsión es la venganza y la manera de manipular es controlando a los otros.

Su estrategia defensiva consiste en utilizar la máscara del poder para evitar reconocer sus propias debilidades. Bajo su fachada hay mucha vulnerabilidad encubierta.

Es importante aclarar que, si bien se hablará de todos los personajes en género masculino, es indistinto para ambos, ya que estos "vicios" de la psiquis existen en ambos sexos.

Cómo ve al mundo

Percibe al mundo como duro e injusto, un lugar inseguro en donde la supervivencia es lo más importante; parecer débil es peligroso. Para compensar, siente que tiene que controlar todo absolutamente en su entorno, especialmente a las personas que lo rodean, eligiendo ganarse el respeto y asegurando su protección desde la fortaleza, con lo que esconde su miedo a que lo rechacen.

Pretende lograr cambios a su alrededor y dejar su huella en el mundo, sin ayuda de nadie, tomando a la vida como un campo de batalla y considerando que la verdad surge de la riña; el costo será muy alto: perder el contacto emocional con las personas que le importan en su vida.

Su cólera y acción le permiten sentirse fuerte, ya que es muy resistente; no siente culpa ni miedo, y lleva la verdad hasta el escándalo.

Mensajes de la esencia y personalidad

Así como cuando se está conectado con la naturaleza esencial, esta envía mensajes, cuando se está conectado con el personaje también se escuchan mensajes que no son del Ser interior, sino producto de un circuito mental que se repite. El mensaje que comienza a escuchar este personaje es: *"Estarás bien si eres fuerte y tienes el control total de la situación"*. Por lo tanto, en la primera oportunidad en que no pueda controlar algo, piensa que lo pueden traicionar. Por temor a sentirse quebrado, decide ser fuerte, esconder su corazón y ponerse en guardia ante todo.

El mensaje que envía su Esencia, pero que él no escucha es *"No serás traicionado ni vapuleado, confía, serás querido tal cual eres"*.

La Esencia es una semilla que trae el hombre con su nacimiento. Al alimentarla con acciones justas —lo que significa actuar honestamente desde lo que dicta el corazón, sin tener en cuenta el temor, sin dejarse llevar por el instinto o sin deseo alguno de ser un personaje importante— va a volver a la tierra para ser árbol y elevarse.

Al no escuchar su mensaje: *"ser como uno Es"*, sino adoptar una imagen idealizada de sí, comienza a recubrirse de pulpa y da lugar al fruto, que termina siendo "comido" por los demás, iniciándose, en este peldaño, su desintegración.

Error de percepción

Su mente se preocupa por controlar las situaciones que se generan, utilizando como mecanismo de defensa la negación de la debilidad.

Para compensar esta percepción, elige ganarse el respeto y asegurar su protección, volviéndose fuerte y escondiendo su vulnerabilidad.

Su acción consiste en rechazar la autoridad y romper

con los obstáculos que le impidan realizar sus deseos, este es su gran reto. Se vuelve confrontacional e intimidante. Todo representará una competencia de voluntades y casi nunca se retractará.

Se pone al mando de todas las situaciones e incita a los otros a hacer lo que desea mediante la opresión o la amenaza.

Temor principal

Su temor principal es: *a ser una persona dañada, abusada, manipulada, que se aprovechen de ella, que la hieran o la rechacen.*

En lugar de "trascenderlo" —lo que significa, conocer ese temor que está oculto— utiliza su carisma, su fuerza de voluntad y su vitalidad para convencer a los demás de que lo sigan en lo que emprende y con ello supone que impide ser dañado o controlado por ellos.

Como se observa, la enfermedad del hombre se produce por el temor. Cada personaje tendrá un temor diferente y, en caso de no trascenderlo, allí empieza a descender comenzando la inflación o deflación de su personalidad o Ego.

En cada personaje, cuando no trasciende el temor, surge el deseo para defenderse de él, para continuar funcionando.

Deseo compensatorio

En este caso, el deseo es: *protegerse, controlando toda la situación y a todos lo que lo rodean.* Supone que ese control lo va a resguardar; se va a defender con su rabia, con su vitalidad, con su fortaleza.

Imagen que se construye para salir al mundo

Al no vencer su temor básico y, en consecuencia, generar un deseo para compensarlo, forma una máscara para esconderse, para que los demás no vean lo que siente. Esto origina un desorden en su circuito de pensamiento, por lo que hace esta afirmación: *"Soy una persona fuerte, asertiva, independiente, tenaz, directa y consigo todo lo que quiero".* Va a usar la máscara del poder, del héroe, para conservar y aumentar su liderazgo el mayor tiempo posible.

Esta es la imagen con la que va a aparecer en el mundo. Va a mostrar que puede hacer lo que quiera y a su modo; que es fuerte y que sin ayuda de nadie logrará todo cuanto se proponga. Siente que sus fuerzas le bastan y con ellas se abrirá camino.

Cree que con todas las cualidades que tiene va a hacer algo que lo muestre *"importante"*, superior; ello infla más su personalidad. Esta actitud va a activar otros miedos, surgiendo la idea de que pueda suceder que no tenga todos los recursos a su disposición, ya que presupone que *lo tiene que hacer todo solo.* Comienza a sentirse en guerra con el mundo, a pensar que todo en la vida es difícil y que debe ser duro para triunfar.

Señal de alarma

En este escalón aparece esa voz interior que no lo abandona: su *Esencia.* Le dice que reflexione antes de accionar. Le avisa que su conducta es tratar de ser *autosuficiente,* no querer depender de nadie, no pedir ayuda y no confiar en los demás y considerar que es el único que se encarga de todo. Si sigue actuando de esa forma, crece su personalidad y va alejarse cada vez más de su camino.

Es sabido que nadie es del todo independiente en la vida. No es cierto que uno solo pueda hacer las cosas. El vivir en una sociedad hace ver que son necesarias la ayuda y el apoyo de otros para lograr objetivos comunes; para llegar a la Unidad.
Si escucha la señal de su Esencia y toma conciencia, vuelve a ascender de nivel. En caso contrario, cae en el cuarto escalón, apegándose a esa imagen creada, como si fuera propia y tomando un rol social o identificación.

Identificación

Se identifica con ser *"La roca"*. Se considera una persona invulnerable, impenetrable, inconmovible. Piensa que es el único que soluciona todos los problemas, que sólo él genera todos los ingresos, que puede "sacar las castañas del fuego" de todo el resto. Se cree un Ser Superior.

Aquí se siente omnipotente, inmutable, fuerte, cree que no va a sucederle nada, que puede ir al límite en cualquier situación sin resultar herido. Su fortaleza física y psicológica ayuda a que lo consiga, aunque luego vea que el costo es altísimo.

Ser como una roca, también le significa defenderse de las cosas buenas que llegan a su vida, como el aprecio de los demás, la intimidad, el cariño, pero esto es algo que no "ve".

La identificación es el proceso por el cual una persona, ante cualquier impresión que recibe del exterior, se olvida de sí misma y se convierte en un autómata que "reacciona" de igual forma ante diferentes circunstancias. Cuando se identifica, pierde la capacidad de darse cuenta de que "eso" que actúa no es él, sino uno de los personajes que habitan su psiquis.

En este momento aparece la enfermedad del Ser. Hay pérdida de salud cuando la persona queda prisionera de las limitaciones de su estructura de personalidad y va perdiendo libertad.

Cada actitud no observada, cada acción mecanizada, hace descender otro escalón.

El próximo es la aparición de su:

Defecto psicológico

Su "virus"es la *LUJURIA,* el exceso, la arrogancia. Al desear sentirse sólido y vivo, actúa de forma que lo conduzca a ello, a vivir intensamente, huir del aburrimiento, de las medias tintas y sobre todo del amor, que es lo que más necesita. Este defecto es la causa de que intente acometerlo todo en la vida para imponerse, desde grandes proyectos, luchas encarnizadas, reacciones desmedidas, desprecio por el peligro... lo que sea, con tal de sobrestimularse y evitar la auténtica interiorización.

Comenzará a buscar avidez de imágenes: ser autosuficiente; el que manda; el justiciero; ser el protector. Esto le ocasionará una desarmonía más grande, porque las imágenes *no acallan su temor original* y, al perder tanto tiempo en perseguirlas, no encontrará la imagen propia, ser *Persona.*

Cada vez necesita más destacarse en lo que está haciendo, y cuando consigue ese más, necesita más, no acabando nunca su deseo de mostrar su poderío.

Al entrar en esa búsqueda de poder, necesita más adrenalina para vencer dificultades y buscar todos los días un sentimiento intenso para seguir luchando, lo que normalmente consigue desafiando al mundo, peleando con los otros, yendo hasta el final y al límite, para sentirse vivo.

Esta es su *pasión humana,* su *compulsión*, ya que nada es suficiente para él. Aparta de su camino a los débiles porque no le interesan, convirtiéndose en un tirano que se enoja muy fácilmente, aunque no por mucho tiempo, y haciendo que todos le teman.

Lucha por la autonomía, por la supervivencia. Mientras más se exige, menos real es la sensación de Ser que tiene. Si alguien le hace la observación de que no está viviendo el presente dice: *cuando consiga ser totalmente independiente, no necesite de nadie, no dependa de nadie, cuando tenga todo controlado, en ese momento viviré el aquí y ahora.*

Se aprecia que ya no ve la realidad, dado que es irreal que no necesite nunca depender de nadie, y además, lo que llena en la vida al hombre es conectarse con los otros y con su corazón. Empieza a ver a los demás como posesiones, los controla, impone sus propias reglas, prefiere tenerlos en contra a no saber dónde situarlos. Es el arquetipo de la mafia, que se siente la ley, que pone las reglas y lo hace con justificación porque así ampara a los que lo siguen. Se siente el rey de la selva, pelea y grita, elude a los flojos, domina e insulta a su entorno.

Los defectos psicológicos son fuerzas extrañas que dominan al hombre, lo controlan y alejan del camino a seguir. Instigan a desear cosas ajenas al individuo y se instalan en su mundo interno, devorándolo.

A los personajes de esta tríada les cuesta mucho reconocer su estado neurótico porque creen que su accionar beneficia además de sí mismo a los demás, en este caso, a quienes secundan sus ideas y le son fieles.

Consecuencias de su conducta

Debido a que a menudo busca la confrontación, para conocer las motivaciones ajenas, sale a buscar oponentes, a estar en contra de lo que le digan. Él impone sus leyes, y "cae por su propio peso". Sucede lo que teme: sus relaciones lo hieren, lo dañan, se queda sin amigos y sin gente que lo apoye. Por ejemplo, si vive en pareja es probable que esta se aleje de él, ya que nadie puede vivir en tanta intensidad y sin límites; si trabaja en una empresa, como puede dedicarse a ella 24 horas al día, no logra que nadie lo siga y puede llegar hasta la violencia verbal para, por medio de la provocación, situarse mejor.

En esta instancia, los que se hallan en su entorno, como no pueden ni quieren seguirlo, lo dejan solo.

Nueva oportunidad

Antes de caer en el séptimo escalón, como aprendizaje para la toma de conciencia, se manifiesta nuevamente su *Esencia*, haciéndole dar un giro a su vida y enviándolo a otro personaje del Eneagrama.

Al observar el Eneagrama, se nota que cada personaje tiene dos caminos: uno es el camino hacia las tinieblas y el otro se dirige a la luz.

Al llegar a esta instancia se dirige a la oscuridad, avanzando hacia un lugar en otro punto del círculo. En él, las actitudes de cada personaje van a ser totalmente diferentes. Este movimiento será de gran ayuda en caso de que el individuo se halle en una atención consciente, para volver a ascender.

En el caso del Personaje número 8, su desvío es irse al personaje 5, en su sendero de oscuridad. Se convierte en una persona solitaria, miedosa, con cavilaciones para entender su situación. Puede tener ataques de angustia, se encierra y no quiere salir al mundo, volviéndose "secretivo". Nadie sabe nada de él, se aísla, está un poco paranoico respecto de la continuación de su supervivencia y comprende cuán inseguro y amenazado se siente, pasando de intrépido a temeroso y a caer en deseos de guardarse todo lo que ha alcanzado, respecto de los demás, es decir, aparece el defecto de la *avaricia*.

Si en esta situación reconoce que su comportamiento hostil es lo que originó todo esto, y su falta de *Humildad,* vuelve a ascender; en caso contrario, entra en una situación caótica y cae en el:

Sendero hacia la oscuridad

Se trasforma en un antisocial. Va por lo que cree que le pertenece, aunque sea a costa del sufrimiento de otros y su deseo es la venganza. Decide desplegar toda una línea de ataque abiertamente y destruir todo lo que construyó; piensa que el mundo lo quiere aniquilar y traicionar, y adopta comportamientos criminales, con mayores explosiones de rabia física y verbal. Puede matar, robar y vengarse. Su frase en esta instancia es: *"Tengo que destruir a los que me rodean".* Puede suceder que a esta altura colapse, si sus fuerzas se agotaron, sufriendo un infarto o un derrame cerebral, lo que detendría su modo irracional de actuar; pero recordemos que es el personaje que tiene mayor fortaleza vital y ello lo exime muchas veces de llegar a la enfermedad física.

Su pensar está totalmente distorsionado, ya que imagina que a pesar de su gran esfuerzo, los demás lo dañaron, como era su temor original.

Todos los Personajes, al llegar a esta instancia, perciben que su temor se hace realidad, sin darse cuenta ni por un momento de que fueron ellos quienes originaron esta situación.

Cómo "desandar los pasos"

- Confiar en la gente y la providencia.
- Descubrir, recuperar y manifestar el niño que lleva dentro.
- Aprender a ser querido y no temido por los demás.
- Comprender que aparte de la fuerza que posee, hay otros recursos.
- Convencerse de que nadie es autosuficiente y que una sana dependencia es señal de humildad y madurez.
- Conectarse con su vulnerabilidad y sentimientos.
- Lograr la moderación y darse cuenta de que no es la única persona que hay en el mundo; el resto también tiene derechos y no puede ignorarlos.
- No sobrevalorar tanto las posesiones materiales, esto lo hace porque como busca hacer algo importante, aparece el miedo a no tener recursos para ello.
- Ver que su potencial reside en tener la capacidad para crear oportunidades, a fin de obtener mejores resultados. Si la usa tendrá aliados en lugar de enemigos, en caso contrario, será a la inversa.
- En resumen: *"Ser fiel a sí mismo"*.

Camino hacia la luz

Vimos que, de cada punto del Eneagrama, salen dos caminos. Uno es el de la enfermedad, el abismo, por lo que se necesita mas *Importancia Personal;* y el otro es el del encuentro de esa conciencia escondida, *su Esencia,* que se oculta tras esa personalidad, ese es el sendero hacia la luz.

En el caso del personaje 8, su camino es ir hacia el punto 2. El 2 en el Eneagrama es el que en su estado sano, abre su corazón y hace las cosas por amor al prójimo, sin utilizar sus cualidades a su favor. Al ponerse en lugar del otro, deja de imponerse, recuperando la compasión que mantuvo guardada. Descubre y alcanza la virtud de la *Inocencia,* que es un estado del Ser que le permite confiar en los otros, considerar el mundo como un lugar seguro, vivir sin tener que juzgar qué es justo y qué no. Deja de buscar la intensidad y el complacer sus apetitos instintivos, y comprende que tiene un papel en el mundo, sin necesidad de pelearlo para ganárselo.

No es resistiendo ni controlando o luchando contra el defecto psicológico como se logra vencerlo. Hay que abrazarlo, saber que cree que es así y sublimarlo a través de una comprensión profunda, al darse cuenta de que este defecto no es proveniente de su Esencia sino de su personalidad; reconocer que es un parásito que se alimenta de su poder interior. Al trasmutar esa fuerza, al darla vuelta, la utilizará en su beneficio, logrando así la Virtud opuesta.

Para ello primero se debe entrar en la misericordia, la conmiseración con uno y cada día intentar no hacerlo más, ya que al verlo es una oportunidad de entrar en la Luz. No justificarlo ni ser condescendiente con él, sino decidiendo tener atención sobre ese defecto. Con disciplina y con voluntad, puede liberarlo. Al hacerlo se adquiere más voluntad, porque al reconocer un defecto y soltarlo, se convierte en alguien de poder, y puede, al contagiarlo, hacer que cada uno lo descubra en sí mismo. Hay que tomar conciencia de que la mente está cristalizada y, en el fondo de cada Ser, hay un niño muy asustado, e ir hacia él con rigor y misericordia; con ternura y rectitud.

Todos estos personajes habitan en nuestra psiquis para aprender una cualidad de nuestra *Esencia,* una virtud. En este personaje, como ya se expresó, es la *Inocencia*. Al adquirirla, el hombre acepta el devenir de la vida, aprende a confiar en algo que no sea en sí mismo, y para ello renuncia a sus defensas.

Si unimos las 9 virtudes que trasmutan los 9 actores del Eneagrama, llegaremos a la totalidad del Ser.

En el caso del 8 viene a trabajar la confianza en su divinidad interior, a sentir fiabilidad en las personas y a abandonar la búsqueda del poder y el placer del dominio, para que, con su gran voluntad y poder, con su fortaleza interior, construya en el mundo algo grande para dejar a la humanidad y no que lo realice por *Identificación Egoica*. Lo que debe entender es que lo que construya lo va a crear a través de su *Esencia* y no de su personalidad, y sólo lo va a lograr con *impecabilidad* en su accionar.

Su intuición y creatividad práctica van a hacer que pueda potenciar a la gente. Los 8 nos vienen a mostrar que *no hay que dar el pescado sino enseñar a pescar*, ya que al hacerse *Personas,* contagian a los otros.

Dado que sus talentos son: confianza en sí mismo, decisión, fortaleza, vitalidad, valentía, capacidad, gran corazón y generosidad desinteresada, recibe el Don de la Paz, logrando confiar en los demás, utilizando su fortaleza para emplearla en la realización del bien a la humanidad, convirtiéndose en un *héroe magnánimo e inspirador*.

El que vence a los otros es fuerte, el que se vence a sí mismo es poderoso (Lao Tse).

Representación gráfica del Personaje 8

1- Temor Principal: Ser dañado
2- Deseo Compensatorio: Protegerse

3- Creación de una Imagen: Persona segura de sí misma

Señal de Alarma: Autosuficiencia

1- Identificación: La roca
2- Defecto Psicológico: Lujuria
3- Consecuencias de su Conducta: lo dejan solo

Nueva Oportunidad: Ir al punto 5 del Eneagrama

4- Táctica de Supervivencia: Violencia y capacidad destructiva
5- Pérdida del Contacto con la Realidad: Comportamiento sádico
6- Conducta Destructiva: hacia los demás

CAMINO HACIA LA LUZ: IR AL PUNTO 2 DEL ENEAGRAMA

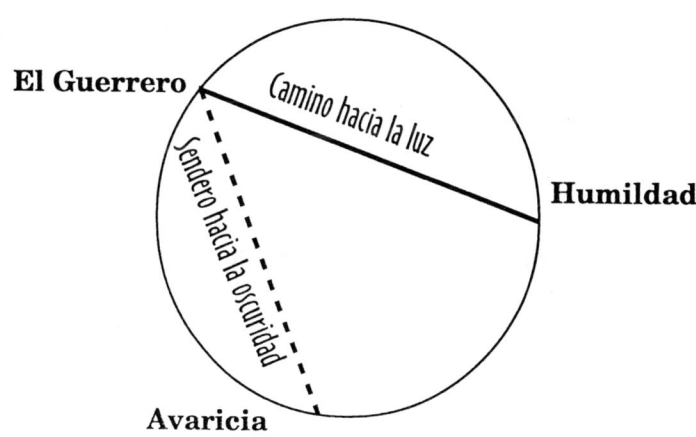

Lo importante es descubrir lo que
está ocurriendo en ti y a tu alrededor.
Para saber lo que anda mal y sus causas,
importa el estar despierto.

Anthony De Mello

PERSONAJE Nº 9: EL CONFORMISTA

Es el personaje de trato fácil, bien avenido, abierto a aceptar, confiable y estable, de buen carácter, optimista, sincero y dispuesto a apoyar.

Le gusta la rutina, la comodidad, los empleos estables. Evita las elecciones difíciles, piensa que cada vez que elige origina conflictos y tiene que renunciar a una parte de él mismo.

Amante de los símbolos, la fantasía, la imaginación y la armonía, crea a su alrededor un clima de calma y tranquilidad. Su dedicación es a la búsqueda de la paz interior y exterior para sí mismo y para los demás, por lo que le es difícil conectarse con la realidad y "bajar a tierra".

Le asusta mucho la confrontación, ya que ella puede llevarlo a que se quede solo y ese es su gran miedo.

Su sistema de valores se formó alrededor de la paz, la paciencia y la atención al otro.

Pertenece a la tríada del instinto, siendo el personaje

70

central de ella. Lo paradójico es que, formando parte del grupo del cuerpo, se desconecte de él, y para compensarlo se retire a su mente y a sus fantasías emocionales. En su búsqueda de adaptarse y conformarse con lo que la vida o los demás le ofrecen, aprende a reprimir su voluntad, de modo tan completo, que pierde la conciencia de tener voluntad propia y niega el lado oscuro de la vida.

Vimos que en este grupo la característica básica es la rabia. Este personaje no siente que la tiene, pero la va a expresar como terquedad o agresión pasiva. Al escapar del mundo real, le cuesta mucho reconocer su ira y "ver". Su sufrimiento se originará cuando no lo tengan en consideración.

Pertenece al grupo del apego junto con los números 3 y 6, dado que se apega mucho más a la imagen que construye que los restantes personajes.

Es el "conciliador" del Eneagrama, sabe ponerse fácilmente en lugar de los demás hasta el punto de olvidar lo que él quiere.

Su distracción hace que le cueste diferenciar lo que es importante de lo que no lo es, es muy superficial; su temor no le deja profundizar las experiencias.

Forma junto con los personajes 4 y 5 el grupo de los introvertidos; se interna en su psiquis, como una forma de huida, de resistencia, y se aísla del mundo.

Su adicción es a los sedantes, fármacos y alcohol, para calmar su ansiedad y soledad.

Su compulsión, entendida como lo que no puede dejar de hacer, es la indolencia, y su forma de manipular es resistiéndose a los otros.

Su estrategia defensiva consiste en evitar el conflicto, puesto que este le hace intranquilizarse o, peor aún, comprometerse.

Cómo ve al mundo

Percibe al mundo como un lugar en donde no se lo escucha, cree que si expresa su opinión puede llegar a ser una fuente de conflicto y separación. Su apreciación es que no le está permitido enojarse, tener necesidades ni hacerse valer. Decide que el mejor modo de mantener la armonía es "pasar desapercibido". Si participa u opina, puede generar problemas. Al adoptar esta actitud, entra en un estado de inercia o indolencia.

Se autoimpone vivir en un ritmo propio, ya que primero necesita sentirse físicamente en armonía en un lugar, antes de empezar a razonar.

Una de sus frases preferidas es "el tiempo todo lo arregla".

Mensajes de la esencia y personalidad

El mensaje que comienza a escuchar desde su personalidad es: *"Estarás bien si los demás están bien, por lo tanto, no generes conflictos y los demás no los tendrán contigo".*

Al tomar este mensaje como propio, decide estar siempre en una total calma, pase lo que pasare, para evitar las confrontaciones. Se disocia de las situaciones, no manifiesta sus necesidades para evitar confrontamientos, elige no expresar sus prioridades y llega, con esta actitud, a creer que ellas no serán consideradas.

Esa calma autoimpuesta oculta un volcán interno. Al no tomar decisiones por temor a ocasionar desavenencias, hace que aparezca en su psiquis una obsesión, cada vez que deba elegir. Se torna en un individuo testarudo, porque decide no tener prisa para resolver nada y dilatar los conflictos por no definir lo que desea. El mensaje que envía su *Esencia* y no lo escucha es: *"Tienes derecho a existir y hablar tu verdad, tienes un lugar en el mundo y vas a ser querido tal cual eres"*.

Error de percepción

Su mente trata constantemente de permanecer neutral y no expresar una posición extrema, lo que lo hace intentar constantemente mantener la paz a costa de no manifestar sus opiniones. Esto genera que, cada vez que haya problemas en el exterior, en lugar de enfrentarlos, se retire "mentalmente" de la situación, imaginándose que no pasa nada. Arma en su psiquis un *"santuario de idealización"*, lugar donde se sitúa psicológicamente, desligándose del resto e idealizando a los seres de los cuales teme separarse si se expresa.

De este modo, deja de estar *presente* en donde se halle, se pierde en ese mundo interior, escapándose y resistiendo al exterior. Comienza a anestesiarse con comida, alcohol, drogas, medicación para poder dormir y todo lo que lo ayude a huir. Decide sacrificar su verdad autodestruyéndose. Esto genera mucha rabia, aunque no la perciba.

Las adicciones comienzan siempre por la no aceptación del entorno, pero el 9, por ser muy cabeza dura y resistente internamente, no llega a ver que tiene conflictos.

Lo que no reconoce es que los problemas a los que escapa no tienen lugar fuera de él, dentro de su familia o la sociedad, sino "dentro de él" y están originados para su crecimiento.

En todo hombre, el conflicto se inicia cuando hay un lla-

mado interno que lo obliga a movilizarse y a hacer cosas que no estaban en sus planes. *La impresión que tiene es que, de acuerdo con el tipo de vida que lleva, lo desacomoda de su rutina.*

Lo que ignora es que, al tomar conciencia de cuáles son los conflictos que se le plantean en la vida, descubre sus falencias e inclina la balanza de la comprensión para poder resolverlos; de no ser así, recae en su viejo hábito y llega un "ajuste" de la vida para que toque fondo; porque no alcanzó la dolorosa situación anteriormente vivida para aprender ni aprovechó la oportunidad para cambiar, lo que origina descender a fin de resolver la situación con mayor fuerza.

Temor principal

El temor de este personaje es: *a separarse del otro, a perder su conexión con su entorno, a quedarse solo.*

Cree que si el otro lo deja, él no existe. La actitud que asume es mediar en todos los casos, aguantar todo tipo de situaciones, preferir relaciones tóxicas a las que luego idealizará, y aferrarse a sus familiares más íntimos. Si está casado, su esposa y sus hijos son lo más importante; en caso de no estarlo, se anida en sus padres o, si ellos ya no están, en sus hermanos; o lo que es lo mismo, en su entorno más cercano.

Deseo compensatorio

Al no enfrentar este temor, surge el deseo de: *encontrar la unión con el otro*, resignándose a no exponer sus ideas para evitar desacuerdos, actitud que lo conduce al resentimiento.

Tiende a ser complaciente para simplificar los problemas y minimizar los contratiempos. Comienza a hacerse cargo de muchas cosas, pero sin renunciar a ninguna y sin comprometerse con nada.

En este caso la personalidad se deflaciona, se siente inferior al resto; en lugar de inflarse, verse superior a los demás, como vimos en el personaje 8. *Téngase en cuenta que en ambos casos, hay un distorsionado modo de ver la realidad.*

Imagen que se construye para salir al mundo

Sale al mundo con la imagen de: *"soy una persona pacífica, estable, tranquila, amable, acomodadiza, serena, dispuesta a escuchar y ayudar a todo el mundo".*

Su error de percepción de la realidad lo automatiza, llegando a considerar que es feliz pasando a segundo plano y no molestando a los demás. Se desliza por la vida como un ser invisible, al que no hay que tomarlo en cuenta ni pedirle opinión. Mientras menos lo coloquen en la situación de decidir, mejor; y en caso de que lo confronten, dejará que los otros decidan por él y se adecuará en todo momento. Esto le trae como beneficio no ser molestado y obtener, en principio, que se ocupen de él y lo cuiden.

A partir de este escalón ocupa su tiempo haciendo todo tipo de tareas superfluas y poniendo la atención en hábitos adictivos como: utilizar muchas horas para el sueño o hipnotizarse con la TV, los chismes o los pequeños placeres de la vida.

Juega a ser humilde, pero en realidad lo que hace es desligarse de sus sentimientos y pensamientos. En lugar de imponerse y correr el riesgo de la confrontación, comienza a "desaparecer" de la realidad.

Señal de alarma

El aviso con que su *Esencia* trata de manifestarse es que vea que su actitud, en esta instancia, es de *acomodarse* a los demás, decir sí a cosas que en realidad no quiere hacer, lo que le evita estar en desacuerdo, pero que inicia la aparición de resentimientos en ambas partes.

Tenga en cuenta el lector que este no es nunca el modo de resolver situaciones; de lo contrario, a raíz de atravesar los conflictos, se origina en el hombre una fuerza superior que trata de crear mejores condiciones y circunstancias para descristalizarse, porque las formas, actitudes e ideas viejas se aclaran y afloran a la superficie, con lo cual comienza a abrir la mente y a usarla.

El conflicto separa la oscuridad de la luz, y esta entrará si de él surgen nuevas ideas y modos de pensar y actuar, al producir desapego y renunciamiento a actitudes basadas en la imaginación, conduciéndolo a la liberación.

La ira cumple la función de aclarar situaciones no resueltas; si logra percibir que la tiene, aunque reprimida, ayudaría en su despertar. De lo contrario, lo convierte en un agresor pasivo, manifestándola en comportamientos testarudos, como plantarse en medio de una discusión y controlar la acción negándose a moverse.

Identificación

Se identifica con ser *"Un don nadie"*. Empieza a vivir con filosofías de vida, otro escape, como por ejemplo decir "así es la vida", "siempre que llovió, paró". La inercia lo devora, ya que es una fuerza negativa que trata de arrastrarlo hacia "el sendero de la oscuridad".

Entra en desidia, tratando de mantener su seguridad interior; puede haber grandes problemas en su entorno —como quedarse sin trabajo, tener un hijo en adicción, encontrarse en graves trastornos financieros— pero su lema es "no hay problemas y no me muestres los tuyos porque los ignoraré".

Para mantener esa seguridad, se aferra a los recuerdos, revive constantemente el pasado para comprometerse menos en el presente, y comienza a acumular cosas "por si las pudiera necesitar en algún momento". Esta identificación y la actitud de no participar en el presente, reducen la confianza en su diario vivir y empieza a deprimirse.

Si la voluntad del hombre no choca con la inercia, no hay vida, sólo decadencia y petrificación. Cuando un individuo tiene todo controlado en su vida, en realidad, aunque no se dé cuenta de ello, está peor, porque no reconoce dentro de sí las fuerzas contrarias, como son la actividad y la inercia. La inercia es una indolencia que lo lleva a "anestesiarse" y no pensar. Su destrucción es una tarea de mucho esfuerzo y perseverancia. Al crear una tercera fuerza —la voluntad— logrará darla vuelta, para aprovechar así esta energía negativa que está enfrentando, dejándola neutra en un comienzo, y luego trasmutándola en energía positiva.

Defecto psicológico

Su "virus" es la *PEREZA*, entendiéndose esta no como lo que comúnmente la denominamos: vagancia, abandono de tareas o poca celeridad en lo que hay que hacer; sino que es la pérdida o falta de atención a sí mismo y a la búsqueda de sí mismo.

Entra en una indolencia interior con la que pretende

evitar que la realidad lo afecte; asumiendo la actitud de taparla para no enfrentar el dolor, y centrar su atención en los demás, olvidándose completamente de sí mismo.

Toma los intereses de su pareja, sus hijos o su entorno, como propios. De modo que busca gente fuerte a su alrededor a la cual fusionarse, para continuar distrayéndose, resignándose a su destino y perdiendo el contacto con la realidad.

La pereza es un pecado de "omisión", ya que tiene que ver con cosas que no se han hecho, con ejecuciones de vida postergadas, con oportunidades que se han perdido y cualidades que se han reprimido y mantenido ocultas.

El que no hace lo que tiene que hacer es perezoso, se mete en el ruido de la vida y deja de escuchar la música.

Consecuencias de su conducta

Por su actitud de tratar de pasar desapercibido, los que conviven con él comienzan a ignorarlo, no lo tienen en cuenta, lo dejan de lado, no lo consideran aunque esté ahí.

Como es lento, anda con rodeos y no llega al grano de la cuestión, puede ocurrir en este peldaño que lo abandonen, ya que no encuentran en él una pareja, un padre, un socio o simplemente un amigo con quien compartir lo que les pasa.

Es difícil que comprenda por qué los demás se sienten frustrados con él, dado que piensa que no molesta a nadie; lo que no ve es lo irritante que resulta su falta de reacción.

Aquí corre varios riesgos: que los otros se aprovechen de él o que pierdan su interés por él y lo abandonen; pero en cualquiera de los dos casos, aumenta su enfermedad, debido a que mientras se funda con los demás, más difícil será recuperar su identidad propia.

Si ocurre el abandono físico por parte del otro, aunque para él sea muy amenazante, puede ayudarlo a reconstruirse, siempre y cuando no "salga" en busca de otra familia "sustituta" para continuar huyendo de sí.

Nueva oportunidad

Antes de enfermarse más, aparece otra situación que puede dar lugar a que se "despierte".

Se observó anteriormente que, en esta instancia, su *Esencia* desvía su dirección original, viajando a otro punto del Eneagrama y modificando opuestamente su actitud para que, si está con su atención consciente en él, pueda revertir la situación.

Este personaje se dirige a la parte enferma del personaje 6, buscando ideas y relaciones que le den seguridad y estabilidad. Es como si de pronto decidiera resolver todo al mismo tiempo y expresando su rabia hacia fuera, explotando contra los otros y culpando a todo el mundo de su situación, aparece el defecto del *miedo,* que lo hace actuar en forma contrafóbica. Podemos ver que para "el pacifista" —como algunos autores lo llaman— esta conducta es inusual, ya que hasta el momento se "tragaba todo" y no se expresaba por temor a que lo dejen solo.

Si este nuevo giro lo hace *despertar,* vuelve a ascender de nivel. En caso contrario, inicia su:

Sendero hacia la oscuridad

Decide que nunca más va a enfrentar al mundo y comienza a tener depresiones muy grandes. Cada vez se anestesia más comiendo, fumando o alcoholizándose en mayor grado para tapar esa insatisfacción de no ser él mismo; o sentándose horas frente a un televisor mientras la vida transcurre a su lado. Se ataca constantemente, deja que los demás lo abusen, se olvida de sí mismo y depende de los otros extremadamente. Mediante la disociación y la negación, se cierra a lo que pudiera afectarlo.

Todo esto, en realidad, lo hace para no perder su autonomía. Su forma de controlar a los otros es pensar que, si bien se acomodará a ellos, no dirá su verdad y hará lo que los demás le pidan; seguirá resistiendo a participar con ellos del mundo.

Aquí también puede enfermar físicamente de dolencias hepáticas, ya que el hígado es el órgano que se resiente cuando no se expresa la rabia; o de problemas en la boca, al acumular en sus mandíbulas o encías toda su ira contenida y no expresada.

Siempre en esta instancia, en todos los personajes, se cumple su temor básico. En el caso del 9, el mundo lo deja solo, físicamente o tomándolo como un "objeto" y no como una persona.

Cómo "desandar los pasos"

- Hablar su verdad, lo que significa decir Sí cuando quiere realmente algo y No cuando no lo quiere.
- Sacar sus talentos y su creatividad, hacer lo que le gusta, trabajar su individualidad. Tiene muchas cualidades, pero no se da permiso para usarlas.
- Reconocer cuándo las opiniones personales están siendo reprimidas.
- Aprender a terminar los proyectos sin desviarse hacia otras cosas o personas.

- Entusiasmarse por nuevos compromisos que consuman su tiempo y energía.
- Reconocer su sentimiento de dependencia y su resistencia a separarse.
- Procesar su rabia. Para hacerlo, primero debe aceptarla. Esto no significa hablar de ella, sino reconocerla e iluminarla. Mediante la rabia se conectará con su poder interior, él quemará su inercia. La rabia se libera, no agrediendo a los otros, sino expresando a los otros que se está dolido con ellos. También puede hacerse por medio de expresiones físicas, tales como golpear almohadones o bolsas de arena; la práctica de Tai Chi o artes marciales.
- Dejar de idealizar a los demás y ver a la gente tal cual es y no como le gustaría que fuera.
- Darse cuenta de que su inercia representa uno de los poderosos obstáculos que aparecen en su camino, pero si logra "darla vuelta", podrá apoderarse de todo el poder que necesita para despertar. Aprendiendo a usar en su provecho la energía negativa de una manera positiva, puede implicarse en la vida y con los demás.
- En resumen: *"Ser fiel a sí mismo"*.

Camino hacia la luz

El camino que debe realizar es ir hacia el punto 3 del Eneagrama. El 3 sano es el que expresa siempre lo que siente y piensa, es el auténtico y asertivo (el que dice su verdad). Abandona su *refugio interior* y reconoce su valía. Trabaja en desarrollar sus capacidades y sale al mundo a ofrecerlas.

Al trasladarse a otro punto del Eneagrama, todos los personajes adquieren otra visión, y aquí el 9 observa su apego a las personas. *Es importantísimo destruir los apegos, porque todo aquello con lo que se identifique alguien le merma su energía y enferma sus relaciones humanas.* Al verlo, recuperará su individualidad, valorándose a sí mismo e invirtiendo toda su fuerza en él, dado que la Paz que busca se logra desde la fortaleza y estabilidad interior, confiando en la vida y con una absoluta entrega. Reconoce que imaginar una relación con alguien no es lo mismo que relacionarse verdaderamente con esa persona; y que no hay que huir a la idealización sino participar en el presente.

Al trasmutar su defecto, genera la virtud de la *Perseverancia* en la búsqueda de sí mismo, y la resolución de los conflictos. Consigue asumir la responsabilidad de su vida implicándose en ella y con los demás; afirmar su propio valor y dignidad, tomar la iniciativa, estableciendo prioridades y tomando decisiones. Consigue expresar su opinión, a pesar de preferir escuchar la de los demás, y alcanza la acción justa. Aprende que las dificultades no se pueden resolver desde el nivel en que se encuentran, de lo contrario, lo único que se hace es girar en círculo sobre lo mismo y sólo se tiene alivios transitorios, por lo que deja la comodidad e inicia la batalla.

El modo de avanzar se parece a escalar una montaña, hay mucha resistencia, pero cada paso lo lleva más arriba, cada paso es un conflicto, pero ya aprendió que no puede "caminar" sin resolver sus problemas. Toma conciencia de que los obstáculos muchas veces cambian de forma y figura pero suelen ser los mismos que nunca encaró.

En la medida en que este peregrino se desplaza hacia la meta, su horizonte se amplía y desarrolla el sentido de la proporción y la relatividad, que se hallaba tan distorsionada en él.

Esa montaña es su alma y está dentro de él. Al emplear su luz interior, hará que alcance la Paz que busca —no la que se autoimpone generándole mucha bronca— y se convierta en un ser pacífico real y no imaginario como lo es su personaje.

El 9 viene a trabajar el darse cuenta de que la sanación se hace enfrentando su temor básico, el de perder la conexión con el otro. Al participar en el momento presente, recupera la naturaleza esencial y rompe el muro que levantó contra el exterior para no ser herido. Al trasmutar su defecto en virtud logra ser un excelente pacifista, consejero o negociador.

Dado que sus talentos son: paciencia, resistencia, estabilidad interior, simplicidad, sensibilidad, gran fuerza de voluntad y una gran capacidad de escucha sin juicio, alcanza el Don del Gozo, comenzando a disfrutar de la vida, en lugar de vivirla sacrificadamente.

La Paz no es la ausencia de conflicto. Paz es vivir la presencia de Dios.

Representación gráfica del Personaje 9

1- Temor Principal: Ser aislado y separado
2- Deseo Compensatorio: Tener estabilidad interior y paz
3- Creación de una Imagen: Persona generosa, alenta dora

Señal de Alarma: Acomodarse a los otros

4- Identificación: Un Don Nadie
5- Defecto Psicológico: Pereza

6- Consecuencias de su Conducta: lo dejan solo

Nueva Oportunidad: Ir al punto 6 del Eneagrama

7- Táctica de Supervivencia: Depresión e inestabilidad emocional
8- Pérdida del Contacto con la Realidad: Trastorno de disociación
9- Conducta Destructiva: hacia sí mismo

CAMINO HACIA LA LUZ: IR AL PUNTO 3 DEL ENEAGRAMA

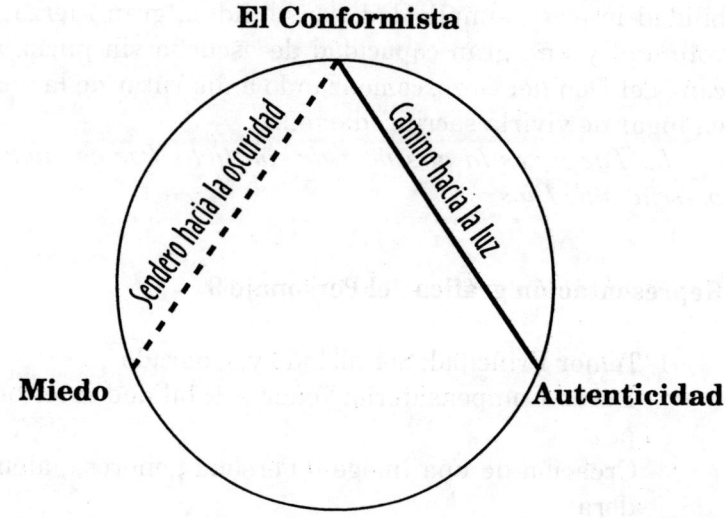

El Conformista

Sendero hacia la oscuridad

Camino hacia la luz

Miedo

Autenticidad

No hay mejor predicador que la hormiga
que sin decir nada, lo hace todo.

Benjamín Franklin

PERSONAJE Nº 1: EL SOBERANO

Es el personaje idealista, de altos principios, consciente, con gran sentido del bien y del mal. Su juicio es ético, moral y crítico. Bien organizado, ordenado, impersonal y emocionalmente limitado; resulta ser el más controlado y reprimido del Eneagrama.

Amante del progreso, se impone metodologías de trabajo, sistemas, horarios, etc. Se interesa por las normas, los reglamentos, por mejorar las cosas y mostrarse justo y moralista. Es crítico de sí mismo, trabajador recto, independiente y perfecto, esforzándose por superar la adversidad.

Su sistema de valores se arma alrededor de la ley, el orden, el rigor, el amor al trabajo bien hecho, la integridad, la disciplina, el sentido del esfuerzo y la preocupación por progresar.

Su acción es rápida, pero considera que debe justificar sus actos ante sí mismo y los demás, por lo que se resiste a sus instintos e impide que sus impulsos afloren a la conciencia.

Pertenece al grupo de la frustración junto con los personajes 4 y 7, dado que siente que fracasa cuando no consigue su objetivo, que es "mejorar al mundo".

Al tener un código rígido de comportamiento, le irrita la imperfección y se convierte en un censor exigente; para él, hay un solo modo de hacer las cosas, siendo sus parámetros: correcto o incorrecto.

Oculta toda manifestación de emoción y su conflicto oscila entre la rigidez y la sensibilidad, lo que le produce una tensión interna que, con el tiempo, va a exteriorizarse en su cuerpo.

Su rabia se origina por suponer que no vive a la altura de sus ideales y porque los demás no hacen las cosas como él considera que deben hacerlas. Se enoja cuando constata que alguien cercano a él no intenta dar lo máximo.

Es el perfeccionista del Eneagrama, le encanta comportarse correctamente, poner orden, hablar y tener razón; odia a la gente tramposa y especialmente a los que rompen las reglas. Siempre antepone el deber al placer, lo que le hace dejar de lado el disfrutar de las situaciones hasta que la tarea esté cumplida y bien.

Sus adicciones son las dietas, los ayunos, la toma de vitaminas y el mantenimiento de una excesiva limpieza personal.

Su compulsión es el resentimiento y manipula controlando lo que hace el otro, arreglándole su vida y haciéndolo culpable de sus actos.

Su estrategia defensiva lo lleva a controlar su rabia y por ello, procura la perfección para sí mismo y para el mundo "imperfecto" que lo rodea.

Cómo ve al mundo

Percibe que el mundo juzga las malas actitudes y las conductas impulsivas. Su pensamiento se dirige a lo que "debería hacer" y no a lo que "desea hacer". Elige ser *bueno,* corrigiendo errores propios y ajenos, y reprimiendo su espontaneidad por temor al castigo.

Al estar tan obsesionado por la exactitud y los detalles, necesita más tiempo que el resto para hacer cualquier cosa. Su cabeza no para de preocuparse por el juicio que los demás tengan sobre él y comienza a surgir el miedo a cometer errores.

Tenga el lector en cuenta que la realidad es una hipnosis del condicionamiento social. Cada personaje "ve" como realidad su propia manera de interpretar al mundo, al cual "mira" como de "afuera". Eso significa que la percepción decodifica esa información, pero lo hace de acuerdo con el código propio.

Mensajes de la esencia y personalidad

Al crecer su personalidad, aparece un mensaje, no real sino ilusorio por su "desvío de percepción de la realidad". Este es: *"Estarás bien si solo haces el bien en la vida, no debes cometer errores".*

Este mandato hace que crea que debe ser perfecto y se dedicará a organizar toda su vida y la de los demás, arreglando todo sin darse cuenta de que, al buscar ese ideal de excelencia, pierde su fuerza vital y se aleja de la realidad.

El mensaje no escuchado y que proviene de su Esencia, es:

"Con lo que tienes eres bueno, vas a ser querido tal cual eres".

Como se observa, la indicación de la Esencia no impulsa, de ningún modo, a conductas forzadas sino que lleva siempre al individuo a estar en libertad, a conectarse con su verdadera naturaleza.

Error de percepción

Debido a que su mente está constantemente preocupada por el juicio que los demás tengan sobre él, cree que para ser amado debe ser bueno y para ser bueno debe tener razón. No puede aflojar su atención de buscar siempre la distinción de lo que está bien de lo que está mal, con lo cual surgen la rigidez y la falta de espontaneidad. La irritación ante las limitaciones de los demás, la muestra en actitudes de superioridad intelectual.

Su conducta es resistir el presente, hasta que todo esté en completo orden, e intenta intimar a los demás a perfeccionarse, dando constantemente indicaciones para ello.

Se transforma en alguien obsesivamente detallista, pulcro y ordenado; lo que no "ve" es su desorden interior, dado que al proyectarlo supone que lo que hay que ordenar es el exterior. En realidad, ese caos existe dentro de sí, sin alcanzar a ver que al darle poder a ese crítico interno que genera, este lo devora poco a poco.

Es importante que el hombre detecte su error de percepción, al hacerlo, este se hace más trasparente y puede experimentarse que la percepción está dominada por la personalidad. Al liberarse de ella encuentra su naturaleza esencial.

Temor principal

Su temor básico es: *ser una persona mala, imperfecta, corrupta y ser condenado por ello.*

Queda así atrapado en el intento de refrenar a "la bestia que todo hombre lleva dentro" y comienza a acumular esa fuerza en su mundo interno, a nivel inconsciente, no percatándose de que trascender esa parte instintiva animal no es posible mediante esa actitud represiva. Al disimular su insatisfacción y no poder mostrar su cólera por su anhelo de perfección, "inflará un globo" en su psiquis que, en algún momento, estallará y sus consecuencias serán devastadoras.

Ese mecanismo de defensa, la represión, lo genera para liberarse momentáneamente de la angustia de entrar en un conflicto psíquico al surgir sus impulsos, deseos o fantasías; pero estos aparecerán nuevamente cuando se produzcan experiencias nuevas que tengan alguna vinculación con aquello que ha sido cuidadosamente guardado.

Deseo compensatorio

Al no trascender ese temor, surge su deseo para compensarlo: *ser una persona buena, no cometer ningún error, mantener todo bajo control.* Lo que significa no conectarse con su sombra —lado oscuro que todo hombre tiene— y no ver que es parte de su naturaleza humana, ya que todo debe ser "perfecto y trasparente".

Imagen que se construye para salir al mundo

Va a edificar una imagen para mostrarse como: *"una persona seria, cerebral, sensata, moderada, razonable, objetiva, moral, pulcra, que sabe, en cada situación que se presente, cómo actuar".*

Sale al mundo con la apariencia de tener maestría para resolver los conflictos.

Toda vez que se construye una "apariencia", en este caso la de ser un ser perfecto, el hombre empieza a "soñarse a sí mismo" e intenta obligarse a un comportamiento análogo a la figura que elige. Esto es imposible porque nadie puede

89

cumplir con las exigencias de una imagen idealizada, ya que está fuera de las capacidades humanas. Surgen, en ese momento, contradicciones, conflictos, angustia y un fuerte sentimiento de culpa.

Señal de alarma

Esta señal, que proviene de la *Esencia*, y que puede escuchar si está con una atención consciente, es ver y, en consecuencia no caer en la tentación, de sentir *una intensa obligación personal de arreglar el mundo*. Al no registrarla, empieza a creer que de él depende arreglar todos los problemas que observa a su alrededor, que es el único que puede ordenar el caos en la vida de todos, y que si él no lo hace, nadie podrá hacerlo. Sólo él sabe cómo se hacen las cosas y conoce lo que es correcto y lo que no. Su pensamiento se dirige a "Yo soy el que sé"; si los demás supieran cómo hacer las cosas no habría desorden. Se va a dedicar a enseñar cómo hacerlo y comienza a convertirse en un predicador.

No sólo se trata de intervenir en grandes acciones, sino que hasta en minucias comienza a dar indicaciones a los otros, por ejemplo, de cómo hacer una comida, planchar la ropa o preparar una maleta de viaje. En su psiquis está convencido de que lo hace por el bien del otro; se considera el salvador de la humanidad y cree que está haciéndole, al otro, el gran favor de su vida, sacrificándose por él.

Su vivencia es que soporta sobre sus hombros el peso de toda la humanidad. Se vuelve tenso y serio, concentrándose automáticamente en lo que está mal de las cosas. Su obligación no sólo pasa, en esta instancia, por hacer él lo correcto, sino también en compensar la negligencia de los otros.

Identificación

Se identifica con ser *"El maestro"*, supone que su tarea consiste en instruir al ignorante. Todos sabemos que los maestros son los que se encargan de enseñar a los niños, lo que significa que no ve a los otros como adultos, sino como niños a los que hay que educar por su bien e imponerles las reglas de la vida. Tiene muy poca aceptación del otro y desea acomodar a su pareja, compañeros o amigos a sus expectativas. Todo aquel que infrinja sus órdenes va a ser criticado y condenado por él. Se considera un juez que decide quién está haciendo las cosas correctas y quién no. No contempla que, si bien sabe discernir con justeza y dejar de lado las pasiones humanas, cometer errores es la única vía por la que el hombre aprende las lecciones de la vida.

Todos deben experimentar las cosas para comprenderlas, ya que no es el temor al castigo lo que logra adquirir la sabiduría de la vida.

Defecto psicológico

Su "virus" es la *IRA,* que no es manifestada abiertamente, sino enmascarada como virtud. Contiene y controla esta pasión dado que, como persigue la perfección, no puede manifestarla y la reprime, acumulándose en su cuerpo en forma de rigidez, tensión de su rostro o en el tono de su voz.

La ira esconde una verdadera fuerza que hay dentro del hombre, que debe encontrar el canal apropiado para expresarse; de lo contrario se irradia en forma contaminante o queda almacenada en el cuerpo o en pensamientos obsesivos.

Si el hombre tuviera conciencia de que cuando entra en

ira pierde gran cantidad de su poder interior, se cuidaría más de enojarse por cosas insignificantes.

Se muestra extremadamente crítico y exigente consigo mismo y los demás, pensando que nadie aprende y que a nadie le interesa hacer las cosas como él cree que corresponde, lo que consigue frustrarlo, enojarlo e impacientarlo, al no lograr que los otros acaten sus opiniones.

Su mente no está clara y no está dispuesto a realizar ningún esfuerzo, por mínimo que sea, salvo para satisfacer su deseo, lo que origina que sus sentimientos verdaderos no puedan abrirse a recibir la vida y todo lo que ella contiene tal cual es.

Al reprimir esa *compulsión,* en lugar de observarla y trasmutarla en su beneficio, empieza a buscar un ideal para vivir la vida desde él. Se propone hacer algo en lo cual se sienta digno y acalle su ansiedad interior. Ese ideal no es humano —porque este personaje no quiere serlo— y se convierte en un adicto al trabajo, focalizando todo en pos de él, no permitiéndose tiempo libre, relajarse, distenderse. Teme que si lo hace, se conectará con sus emociones, y eso es lo que evita.

A partir de ese momento todo se le vuelve más pesado, porque debe hacerlo con la mayor perfección posible.

Se siente éticamente superior, y adopta un tono de sermón y de reprimenda en su diálogo con los demás.

Consecuencias de su conducta

Corrige lo que está mal, se fija en la mancha, no en el traje, exige respeto, pide justicia. Al estar tan convencido de que siempre tiene razón, no tolera que se demuestre que está equivocado y se torna completamente inflexible.

Ante esta actitud los demás se sienten castrados, observados, controlados, por lo que comienzan a dejarlo solo. Al no ser aceptados tal cuales son, le manifiestan que no son niños como el "personaje" cree y se apartan de su camino, ya que la situación se torna "insoportable".

Si bien sus argumentos son dignos de tenerse en cuenta, el modo agresivo con el que se expresa, origina el alejamiento de los otros.

Nueva oportunidad

Antes de continuar descendiendo, su Esencia, que intenta rescatarlo, lo envía hacia otro punto del símbolo. En este caso, al punto 4 en su parte malsana, adoptando otro personaje: "el trágico" del Eneagrama. Por lo que se sumerge en fantasías románticas o en viajes a lugares exóticos, entra en melancolía, tornándose deprimido, triste, desencantado, incomprendido por todos, se comporta irracionalmente, apareciéndole cambios de humor y llegando a la inestabilidad emocional. Su conducta malhumorada lo lleva a encerrarse en sí mismo y cae en sentimientos de envidia y resentimiento.

En este momento puede encontrar la clave para superar sus conflictos, al ver que se desmorona su disciplina y autodominio, reconociendo que construyó una imagen que lo destruye de a poco. Puede darse cuenta de que es posible ejercer un dominio sobre sí mismo, a través de la sublimación, aprendiendo a utilizar esta actitud emocional interna.

El proceso de sublimación se inicia en el mundo interno —a la inversa de la represión, que es un proceso impuesto desde el exterior— y se origina en la comprensión profunda de lo que pretende y lo inadecuado de su conducta compulsiva.

Esto lo llevaría a niveles superiores de conciencia.

De no percatarse de esto, cae en el:

Sendero hacia la oscuridad

Comienza a hacer a "escondidas" lo que tanto critica en los otros. Muchos de los desórdenes que comete en este nivel se relacionan con la sexualidad, porque esta se ve como algo sucio dentro de su psiquis, y es uno de los principales instintos que reprime.

Puede llegar a cometer actos de corrupción, prostituirse, abusar de menores, llevar una "doble vida" y luego salir al mundo con su cara de perfecto, condenando lo mismo que está haciendo.

Otro de los temas en que puede volverse obsesivo y compulsivo, es en lo relacionado con el orden, la limpieza y la puntualidad. Al tener un desorden interno, trata de buscarlo fuera, para no reconocerlo. En esta etapa es capaz de dejar de lado su aseo personal y a la vez juzgar a los "sucios y maculados".

En caso de expresarse la enfermedad en el cuerpo, aparecerán perturbaciones en el sueño, trastornos digestivos como úlcera o gastritis; o su problemática será los huesos, la columna vertebral, ya que la rigidez se manifiesta en la parte ósea del cuerpo.

Hemos visto en el capítulo I que, en este peldaño, siempre se cumple la profecía o temor de cada personaje: en este caso comete errores, es alguien "*malo*".

Cómo "desandar los pasos"

- Aprender a relajarse, a reírse de sí mismo, desdramatizando los desaciertos y bajando la angustia.
- Reconocer sus imperfecciones, lo que lo hará verse igual y no superior a los demás.

- Entender que las cosas no tienen una sola forma correcta de hacerse, esto lo volverá más flexible, y dejar de creer que todo recae sobre sus hombros.
- Trasformar su cólera, al canalizarla al servicio de la justicia y la verdad.
- Conectarse con su mundo interno y dominarlo, no ocultarlo.
- Escuchar a los demás, —también ellos tienen algo para enseñarle— sin buscarles faltas. Al tratar de encontrar defectos en los otros, ya sean estos reales o irreales, emanan de él emociones negativas; al empezar estas a circular en su organismo, lo intoxican y contaminan su conciencia.
- Vigilar la tendencia a hablar a los demás, en lugar de con ellos.
- Respetar el tiempo de aprendizaje de los otros.
- Tomar conciencia de que trabaja más allá de sus límites.
- En resumen: *"Ser fiel a sí mismo".*

Camino hacia la luz

La senda a tomar en este personaje es ir al punto 7 del Eneagrama. Este lugar lo ocupan, en su parte sana, la alegría, el entusiasmo, la curiosidad y la imparcialidad.

Al reconocer que logra libertad interior dando libertad a los otros, se liberará y predicará con el ejemplo y no con la palabra, ya que con ella, en realidad se encarcelaba a sí mismo.

"El hombre es esclavo de las palabras que pronuncia y dueño de las que calla".

Iniciando este camino, recupera el humor, quita la palabra "debería" de su vocabulario y hace lo que le es placentero. Encontrará de ese modo la virtud que necesita: la *Tolerancia,* es decir, comienza a respetar las ideas o ejecuciones ajenas y a ser permisivo con él mismo; permitiendo que los impulsos de sus sentimientos lleguen a su conciencia, sin descartar los que no acepta, llegando de ese modo a comprender su faz humana.

Al adquirir su *virtud,* modifica su actitud enjuiciadora y comienza a serenarse. Advierte que las cosas tienen cualidades diferentes, pero es testigo de esto y no un juez que condena, trata de relajarse frente a las múltiples responsabilidades que se autoimpone, asume prioridades más realistas, acepta que lo mejor —en algunas oportunidades— es enemigo de lo bueno, se abre al sistema de valores de otras personas y se entrega a la realidad tal cual es, descubriendo que es perfecta aun con sus aparentes contradicciones; llegando realmente a conocer cómo se hacen las cosas.

Al dejar de lado su pasión, puede ver con claridad lo real y llegar a convertirse en un entendido, un sabio ético con excelente capacidad crítica, al que recurren los que necesitan orientación.

Sacará estas cualidades a la luz, cuando se deshaga de esa superioridad con la que se inviste, en busca de la perfección y use en su propio beneficio la *Sabiduría que todo hombre posee;* allí puede convertirse en un verdadero maestro.

Todo despertar comienza allí donde se está fallando, es decir, en los defectos y empieza por una toma de conciencia del mundo interno de cada uno.

En los defectos existe una gran cantidad de energía que es posible ocupar de forma constructiva. Al mostrar una carencia, indican algo por lo cual es necesario luchar para obtener, y de allí nace el poder de vencerlo.

El personaje 1 muestra cómo abrirse a la vida como éxtasis y no como tarea, admitiendo que hay muchos caminos aunque una sola puerta, para llegar a la *Esencia,* buscando la perfección de sí mismo en el aquí y ahora, y de ese modo lograr su propósito.

Dado que sus talentos son: discernimiento, objetividad, sinceridad, franqueza, capacidad de aceptación, autodisciplina, gran apertura de mente, honestidad, integridad y capacidad para hacer un sacrificio sano como vía para el beneficio de la comunidad, se despliega lo mejor de sí: su · nobleza y su heroísmo, recibiendo el Don de la *Paciencia* —ciencia por la que se llega a la Paz—, respetando los tiempos y formas de aprendizaje diferentes por las que cada ser humano pasa en su evolución.

"Los labios de la sabiduría se hallan cerrados, excepto para el oído capaz de entendimiento".

Representación gráfica del Personaje 1

1- Temor Principal: Ser imperfecto
2- Deseo Compensatorio: Ser perfecto
3- Creación de una Imagen: Persona de principios, razonable

> *Señal de Alarma: Obligación personal de arreglar el mundo*

4- Identificación: El maestro
5- Defecto Psicológico: Ira
6- Consecuencias de su Conducta: lo dejan solo

Nueva Oportunidad: Ir al punto 4 del Eneagrama

7- Táctica de Supervivencia: Hacer escondido lo que critica a los otros
8- Pérdida del Contacto con la Realidad: Obsesividad-compulsión
9- Conducta Destructiva: hacia sí mismo

CAMINO HACIA LA LUZ: IR AL PUNTO 7 DEL ENEAGRAMA

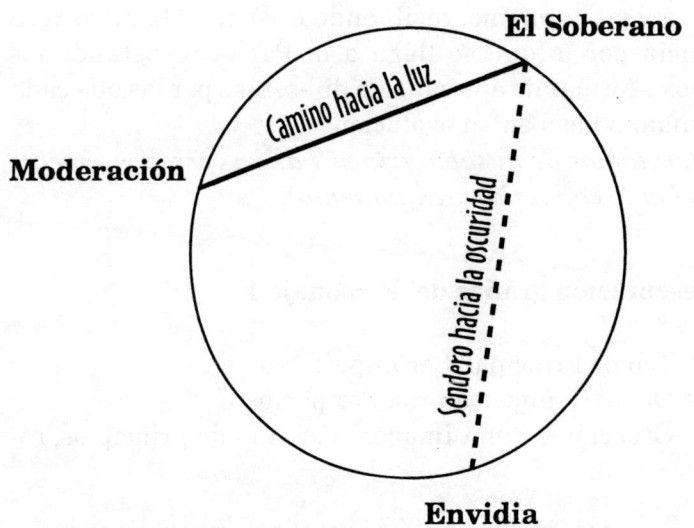

Capítulo IV

Aquellos que creen en Dios deben rezar,
pero no para pedir dinero ni salud ni el cielo,
sino para alcanzar conocimiento y luz.
Toda otra clase de oración es egoísta.

Swami Vivekananda

TRÍADA DE LO EMOCIONAL

PERSONAJE N° 2: EL BENEFACTOR

Es el personaje humanitario, bondadoso, empático, sincero y de gran corazón.

Le encanta hacerse cargo de los demás, está cuando se necesita su ayuda y trata de encontrar la solución a los problemas.

Amante de dar consejos, animar, regalar, adivinar las necesidades ajenas y ser el centro del grupo.

No le agrada estar solo, que nadie lo necesite y ser desplazado.

Vive permanentemente ocupado en la búsqueda de aprobación y en ser visto como alguien solidario.

Su sistema de valores gira en torno al favor, las relaciones, el calor humano, los sentimientos y la escucha.

Ser tan protector le da un toque maternal y, como aprecia rápidamente lo que necesitan los demás, se convierte en su "nutridor", pero su acción está guiada por el deseo de ser amado y valorado, volviéndose indispensable para la otra persona.

Su inclinación a la búsqueda de amor y placer lo hace intensamente atractivo y, por sobre todo, seductor, inclinado siempre a ser apreciado por los otros.

La necesidad de aprobación equivale a decir: "lo que tú piensas de mí es más importante que la opinión que tengo de mí mismo".

Es hipersensible y sus intenciones no son puras ya que pretende que, aquel al que ayuda, dependa afectivamente de él, siendo su lema "te doy para que me quieras".

Las buenas relaciones humanas le son indispensables, le importa llamar la atención y posee una gran necesidad de afecto y asentimiento.

Esta tríada, lo que más disociado tiene son sus sentimientos, ya que los utiliza para manipular; en el caso de este "yo" jugando con sus emociones externas.

Su adicción es a los dulces e hidratos de carbonos para saciar su "hambre de amor".

Su compulsión es la adulación y su patrón de conducta es demandar por vía indirecta.

Evita fijarse en sus propias necesidades y esto es, en el fondo, su estrategia defensiva.

Cómo ve al mundo

Percibe que el mundo no lo quiere por sí mismo y decide conquistar a sus seres queridos dándoles lo que les falta para que lo valoren.

La afirmación de su personalidad pasa, por lo tanto, por sentirse necesitado, ansía ser reconocido.

Persigue gente para abrazar y contactar, en su búsqueda de ser amado y sentirse importante. Como su autoestima es condicional, ya que se basa en que los otros vean su bondad, invierte todo su tiempo y energía en atender y complacer a los demás.

Mensajes de la esencia y personalidad

Todos los personajes, cuando marchan en pos de determinados resultados, se conectan con la parte mecánica de sus centros y reciben de allí un mensaje. En el caso del 2 este es: *"Estarás bien si suples las necesidades ajenas, ya que has venido al mundo a hacer lo que los demás quieren"*.

Este mensaje lo induce a pasarse la vida ayudando a quien aparezca, en una frenética carrera para lograr atención.

Al escucharlo, comienza a ayudar por ayudar, para dar una imagen de altruismo y ser reconocido por ello. Es muy difícil que se olvide de la fecha de cumpleaños o aniversarios de los que toma a su cargo y es el primero que llega cuando alguien necesita asistencia, encontrando siempre la manera de resolver el problema.

No escuchó el mensaje de su Esencia que le dice: *"Puedes tener necesidades propias, te van a querer tal cual eres"*.

Al programarse la psiquis para un determinado objetivo, siempre se deja de oír lo interior, lo verdadero, esa voz interna que no se equivoca; lo que se acata es la orden de mensajes que no son propios.

Error de percepción

Su mente cree que debe anteponer las necesidades de los demás a las suyas, que debe dar para recibir y que debe ganarse un lugar en los afectos de los demás. Para ello se ocupa por adaptarse y mantener una imagen de solidaridad permanente, convenciéndose de no tener necesidades mientras los otros sí las tienen. Esto genera un error en su forma de ver la realidad y lo conduce lentamente hacia la enfermedad.

Al tomar como mandato el mensaje de su personalidad, decide hacer cualquier cosa para que lo amen y no lo dejen solo; y como su energía es femenina —representa a la madre, en el Eneagrama— comienza a cumplir una función de nutrición y abastecimiento de necesidades, sacrificándose, pero llegando a ser intrusivo.

Temor principal

Al perseguir una imagen, en este caso "ayudar a los otros", entra a sentir incertidumbre y miedo.

Su temor básico es: *a no ser querido y ni amado por los otros.*

Esto lo conduce a olvidarse de sí mismo, perder su identidad y tender a ser imprescindible para su pareja, hijos, amigos, compañeros de trabajo y toda persona que venga a su vida. Cuanta más gente pueda cubrir con su "manto" más querido se sentirá y más desatenderá sus propios asuntos; su agenda está llena de "dependientes" a los cuales asistir y ello le reporta satisfacción a su parte egoica. Utiliza la adulación con aquellos que considera blanco digno de seducción, siendo también el erotismo otra de sus herramientas de fascinación.

Reprimir sus necesidades, inseguridades y sufrimientos, lo hace alejarse de su *Esencia* y dejar de reconocerlos.

Deseo compensatorio

Este temor, si no es trascendido, se sobrecompensa con el origen de un deseo básico: *ser querido, protegido y sentirse importante en la vida de los demás.*

Comienza a proyectar o atribuir en sus vínculos sus propios sentimientos y necesidades como justificación para honrarlos mediante el propio servicio y disponibilidad.

Imagen que se construye para salir al mundo

Para conseguir afecto, va a salir al mundo con la máscara de ser *"una persona simpática, amable, cariñosa, amorosa, generosa y con mucho sentido del humor"*. Va a estar todo el tiempo chequeando la opinión de los otros, qué sienten y qué piensan de él. Se resiste a sus placeres personales, considera que si no es por los otros no hay una razón para vivir.

De esta forma, asumirá un rol de mamá hacia aquellos que son dependientes y necesiten ayuda.

Construye esta imagen para que lo quieran, de modo que será hostil y cruel cuando los demás no le compren más la apariencia que vende.

Cabe aclarar que la ayuda que brinda es siempre con acciones y no con palabras, su entrega es para satisfacer las necesidades de los demás.

Al tener una gran intuición, sabe cuál es el mejor regalo para hacer o qué cosa está faltándole al otro y, si no la tiene, se las ingenia para conseguirla.

El entorno a ayudar puede ser pequeño —su familia, compañeros de trabajo o amigos— o, a nivel social, en caso de buscar mayor aprobación, para trabajar por una causa justa, pero la ejecución de sus acciones y el móvil que las impulsa son los mismos.

Como referencia, imagine a un individuo que organiza colectas para los desvalidos, bingos, bailes para recaudar fondos, y con su gran energía vital moviliza a todo un grupo, sintiendo que está haciendo algo valioso por lo que lo reconocerán y que le será retribuido en su momento.

Cuando los que lo rodean se sienten agobiados por este impulso de movilización grupal, reacciona enojándose porque no lo comprenden.

Señal de alarma

Como se observa, tiende a ser muy generoso, pero también a ser preso de la inseguridad respecto del afecto que por él sienten.

En este peldaño se está inflando su Ego. El aviso que aparece es anunciarle que se está convirtiendo en *alguien complaciente*. En su afán de agradar al otro, busca qué puede hacer para "caer bien", desde adular, excederse en generosidad o hacer favores especiales. Ese complacer oculta un manejo del que luego "pasará la factura correspondiente", porque no es generado por su corazón sino por su idolatría.

Este es el personaje que menos ve que manipula. Los otros números, en algún momento se dan cuenta de que lo hacen, aunque no por ello dejen de hacerlo; pero este siente que lo está haciendo por el bien del que recibe su ayuda.

Invita con su postura de brazos abiertos, con la demostración de todo su tiempo disponible, a que cuenten con él para lo que sea necesario.

Identificación

Se identifica con ser el *"Amigo especial"*, el confidente. Incita a que confíen en él y le digan lo que necesitan, asegurándoles intimidad. Esto hace que los otros, en una primera instancia acudan a él, hablen de sus problemas o necesidades. Tiene mucho carisma y esto contribuye a que el otro se descubra ante su presencia. Es hábil para preparar todo un escenario, el cual servirá de recinto para que se le acerquen en su busca, y cree que tiene las capacidades suficientes para afrontar cualquier problema o acudir en ayuda al prójimo. Emplea técnicas verbales o no para seducir, por ejemplo, preparando la comida preferida del otro, haciéndole su carta natal, masajes, ocupándose del cuidado y la educación de sus hijos, arreglándole un vestido, mientras averigua sus secretos más profundos. También desea que otras personas, ajenas a sus relaciones, sepan de esta intimidad con sus amigos, demostrando cómo se preocupa por los otros.

Todas estas tácticas están puestas al servicio de demostrar su propia importancia personal, al tener determinadas informaciones confidenciales sobre las personas que están a su alrededor.

Con relación al dinero suele tener muchos problemas. Si pide a alguien un préstamo, es probable que se olvide de devolvérselo, o lo haga sólo en parte, diciendo que más adelante pagará el resto. Esto lo hace dado que considera que tiene el derecho de usarlo en quien quiera y como quiera, y que necesita tener más para dar.

Sobrevalora sus propios méritos, y su vida es un constante dar para recibir, un estar con el otro para que le hagan caso. Se rodea de gente necesitada, débil y se convierte en un *ayudador*; cuando llega alguien hacia él, hace todo lo posible para que no crezca, para que siga dependiendo.

Una de sus presas es el personaje 4 en el estado de enfermedad, ya que este busca alguien que lo mime y cuide.

Su arrogancia no le permite ver sus propias necesidades que, por supuesto, existen, y las reclamará, en su momento, de forma indirecta, esperando que, aquel a quien ayudó, tome conciencia de ello.

Defecto psicológico

Su "virus" es el *ORGULLO*. Cree que no necesita recibir nada y sí dar porque se siente indispensable para los demás. Su personalidad lo lleva a pensar que es un manantial de amor, de generosidad, y que no anhela ningún tipo de recompensa. Ese orgullo le impide hacer una introspección, y proyecta en los demás sus propios sentimientos y necesidades como justificativo para servirles. Este personaje siente que está completo, que tiene fuerza, que es superior a los demás, por eso puede ayudarlos. Rechaza que sufre, que necesita, que se siente vacío. Su compulsión le impide experimentar el amor de los otros y sanar las heridas, a las que disfraza bajo su aparente generosidad. El fundamento de esta actitud es la necesidad de ser querido. En realidad, su expectativa es enorme y no reconoce su requerimiento emocional. Su soberbia tapa el reconocimiento de su carencia de amor, pero inconscientemente desea que se le devuelva esa atención positiva. Espera que vean lo cariñoso que es y le agradezcan con algo similar. Al buscar expresiones de cariño, comienza a insinuar qué es lo que lo haría sentirse amado, buscando reacciones en el entorno. Refuerza su posesividad y, al relacionarse desde su afectuosidad, se pone automáticamente en el papel de superior, de ser mejor que los otros. No puede encarar su lado oscuro, su sombra, no se adentra en nada doloroso o negativo de sí mismo.

Los defectos psicológicos pertenecen al mundo de las creencias. El hombre busca intentar la explicación de todas las cosas para salir del temor y la incertidumbre.

Consecuencias de su conducta

Cuando ese dar se convierte en una adicción, no siente que se lo devuelvan al mismo nivel en que está dando. Piensa que no lo quieren lo suficiente y comienza a buscar señales de amor, pero ninguna acción es suficiente para sentirse querido y ahí muestra más su desmesurada exigencia e intimidad.

A este personaje le gusta abrazar, acariciar a la gente porque de esa manera quiebra fronteras y consigue invadir a su semejante. Al querer fusionarse con ellos, los posee de tal manera, que estos lo apartan de su camino, ignorándolo.

Al desear establecer una relación, le cuesta reconocer los límites. Puede ser muy intimista preguntando sobre asuntos demasiado personales, como ser la situación económica del otro, la salud o la vida sexual. Además, en muchos casos, aconseja u opina aunque no se lo soliciten. Se le convierte en una obligación el intervenir y salvar a otros. Dado que demuestra su amor haciendo cosas —no con sentimientos— y sólo ve el amor en los demás si le hacen lo mismo, es decir si le dan; pero no pide, al contrario cela, controla, posee. Estas actitudes producen más alejamiento en su alrededor porque su invasividad no tiene límites.

Recuerden que en este punto, según el personaje que sea, los demás se apartan de él, o él se aleja. En este caso, lo dejan a un lado, puesto que se sienten "ahogados".

Nueva oportunidad

Al trasladarlo su Esencia a otro punto del Eneagrama, intentando una vez más que descubra su error, se dirige al 8 en su estado enfermo.

Este personaje se vuelve más franco y enérgico, comenzándose a preocupar por sus necesidades de supervivencia y empieza a trabajar cada vez más duro —aparece el defecto de la lujuria—. Se vuelve agresivo, violento, gritón; traicionando y confrontando a los otros, en todo momento.

En este punto puede amenazar con suicidarse, ya que se expresa así: "me siento con derecho de... porque me sacrifiqué la vida por vos", lo cual es otra forma de seguir manteniendo el control; o intimida al otro en relación a quién es el que manda.

El darse cuenta de que está "cobrando deudas" a los seres que ayudó, y recordar que pensó en hacerlo desinteresadamente, por la cualidad nutricia que posee, puede *despertarlo* a la realidad. Si no lo consigue, cae en el:

Sendero hacia la oscuridad

En esta instancia, como ya no puede manipular a nadie más, dado que se alejaron, somatiza su error de percepción, enfermándose físicamente, como otra forma de culparlos de su abandono.

Se enfermará para encontrar un modo de descansar. De otra forma no puede parar de dar, y su energía ya no le alcanza; necesita vacaciones de sus responsabilidades. Lo hará con alguna enfermedad que requiera atención, de modo que, si *no lo quieren*, por lo menos deban hacerse cargo de él y tengan que cuidarlo. Por ejemplo, padecerá diabetes —enfermedad sumamente demandante—, tendrá problemas de alta presión o algún tipo de invalidez o discapacidad que le haga depender de alguien para que lo conduzca o alimente. Aquí estamos hablando de otro modo de manipular, porque lo somatiza a causa del desgaste sufrido por atención a los otros.

Es importante recordar que la enfermedad en el cuerpo es el último recurso de aprendizaje que tiene la Esencia para que el hombre despierte.

Cómo "desandar los pasos"

- Dejar de dar y nutrirse a él mismo.

- Tomar conciencia de cuándo da porque lo siente y cuándo lo hace en busca de recompensa.

- Clarificar cuándo es necesario dar y cuándo al hacerlo genera que el otro no crezca, por no hacer el intento de encontrar las soluciones por sí mismo.

- Descubrir si aprecia las cualidades de los otros desinteresadamente o para seducirlos y comprarlos. Téngase en cuenta que este personaje es el seductor del Eneagrama.

- Aprender a respetar la identidad y la libertad del semejante.

- Aceptar las propias necesidades, limitaciones y sentimientos.
- Encontrar espacios para estar a solas consigo mismo, como una forma de profundización interior.
- Detectar su necesidad de manipular, a la hora de ayudar.
- Alegrarse cuando las personas se hacen independientes y autosuficientes.
- En resumen: *"Ser fiel a sí mismo"*.

Camino hacia la luz

Su salida consiste en irse al punto 4 del Eneagrama. Este, en su estado sano, es el que se mira a sí mismo, porque el 2 vive siempre hacia fuera. Allí se contacta con sus propios deseos, en lugar de someterse a los ajenos o competir con ellos. Entonces detecta su hábito de manipular y puede reconocer el verdadero valor de los otros como personas y no como objeto de su aparente generosidad. Se comunica con su verdadera carencia y comienza a reconocer lo que le falta, lo que le da la capacidad de saber cuándo y cómo cuidarse; de, si bien percibir lo que el otro necesita, no precipitarse, permanecer en su lugar, si no le piden nada. Trasmuta su defecto en virtud, la *Humildad,* que consiste en aceptar su propia naturaleza sin exagerar sus sentimientos, dejar de sentir la necesidad de ser alguien importante en la vida, dejar de competir para que lo amen y dar en forma desinteresada. Descubre que no sana su corazón por mucho sacrificio que haga, y nota, al recuperar su naturaleza esencial, que la única persona que siempre puede amarlo es él mismo. Al dejar lo ilusorio de lado, percibe que en su *Esencia* se encuentra el amor que busca.

El amor no es un sentimiento, no se puede ganar o perder; está dentro de cada uno. No se puede obligar a amar ni a que nos amen, sólo es posible reconocer su presencia en nosotros y en los demás.

Se convierte en un ser intuitivo, profundo —cuando no está bien es muy superficial aunque aparente profundidad—, auténtico, inspirado, elegante, original. Logra la caridad desinteresada, el amor incondicional para él y sus semejantes, ya que es un ejemplo de cómo se ocupa de sí mismo. El 2 viene al mundo a mostrar cómo se puede nutrir al mundo, sin el interés de recibir algo a cambio.

Dado que sus talentos son: altruismo, generosidad, consideración, empatía, sinceridad, desinterés, entusiasmo, adquiere el Don del Amor Incondicional y encuentra su modo de ejercerlo.

La Humildad es la ausencia de singularidad. Lao Tse.

Representación gráfica del Personaje 2

1- Temor Principal: No ser querido
2- Deseo Compensatorio: Ser querido
3- Creación de una Imagen: Persona simpática, amable

Señal de Alarma: Complacencia

4- Identificación: El amigo especial
5- Defecto Psicológico: Orgullo
6- Consecuencias de su Conducta: lo dejan solo

Nueva Oportunidad: Ir al punto 8 del Eneagrama

7- Táctica de Supervivencia: Somatización en el cuerpo

8- Pérdida del Contacto con la Realidad: Trastorno de personalidad histriónica
9- Conducta Destructiva: hacia sí mismo

CAMINO HACIA LA LUZ: IR AL PUNTO 4 DEL ENEAGRAMA

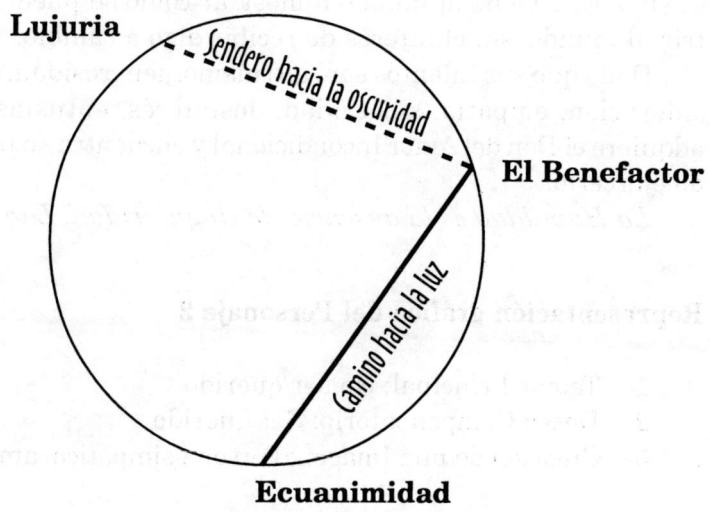

Lujuria

Sendero hacia la oscuridad

El Benefactor

Camino hacia la luz

Ecuanimidad

La Vanidad es un mendigo
que pide con tanta insistencia
como la necesidad,
pero es mucho más insaciable.

Benjamín Franklin

PERSONAJE Nº 3: EL CARISMÁTICO

Es el personaje que se adapta y aboca al éxito. Seguro de sí mismo, atractivo y encantador, ambicioso, de mucha energía, puede ser competitivo y oportunista.

Es un yo brillante, sobresaliente, cae muy bien, provocando admiración en quien lo escucha; y, como busca la aceptación de todos, es aprobado por todo el mundo. Su forma de conseguir sus objetivos es demandando.

Tiene una apariencia feliz y segura. Se muestra enérgico, eficaz, persigue el desafío y puede llegar a obsesionarse por ser admirado. Le encanta ir muy rápido, y lo enoja que los demás no ocupen bien el tiempo que les concede. Cuando ve a alguien que demora mucho en una tarea, tiene ganas de quitarle todo de la mano y hacerlo él.

Su sistema de valores se desarrolla en torno a la confianza en sí mismo, la competitividad, el prestigio y un concepto exitista.

Vive con el pensar y con el movimiento, pero no existen

en él el corazón ni los sentimientos, lo que lo hace ser racional, intelectualizar todo para mantener su corazón en una caja, con el fin de seguir adelante en lo que desea lograr. Es el número central de la tríada de lo emocional. Los personajes que conforman esta tríada sienten que no valen nada, que están vacíos, y tienen humillación y vergüenza de ellos mismos. El 3, por ser el del centro de esta tríada, es el que más vivencia su necesidad de aliento y atención para desarrollarse. Piensa que si se muestra tal cual es, cae en un abismo de vacuidad e inutilidad. Para revertirlo decide controlar, y su forma de ejecutarlo será realizar cosas y sobresalir de algún modo. Como pertenece al grupo de los primarios, junto con los números 6 y 9, es uno de los que más le cuesta el reconocimiento de su error.

Es el maestro de las apariencias, en el Eneagrama.

Se siente el héroe —como el personaje 8—, tiene que salvarse no sólo   él sino salvar a los que forman parte de su entorno.

Su adicción es al trabajo, por la búsqueda de reconocimiento; al consumo excesivo de café y estimulantes para aumentar su adrenalina, o a las cirugías estéticas para mejorar su imagen.

Su compulsión es quererse mucho a sí mismo y su manipulación será entonces la seducción y vender su imagen.

Su estrategia defensiva es buscar el éxito para evitar que los demás se percaten de su excesivo amor por sí mismo.

Cómo ve al mundo

Tiene la certeza de que el mundo no lo ama por lo que es sino por lo que hace, de modo que elige ganar el amor de los demás mediante una carrera o un trabajo exitoso.

Al tener su atención centrada en la búsqueda de aprobación, su estima depende de los resultados. Deja de lado los sentimientos y los estados de ánimo y comienza a encasillarse en hacer y decir todo aquello que le dé buenos resultados.

Mensajes de la esencia y personalidad

Como su distorsión es pensar que no tiene identidad propia, cree que no puede ser él mismo. En lugar de dedicarse a lo que su vocación le dicta, deja de lado elegir lo que le gusta, inclinándose a lo que sabe hacer mejor, en busca de prestigio y valoración. Allí escucha el mensaje de sus centros inferiores que es: *"Tú estarás bien si tienes éxito en la vida y si todo el mundo tiene pensamientos positivos hacia ti"*.

Al hacer caso a este mensaje, comienza un pensamiento erróneo en su psiquis, dado que esto obviamente es imposible; es sabido que siempre hay personas que opinan bien de alguien y otras no. La actitud que asume es la del camaleón: "cambia de color según el terreno en que se encuentra".

Una persona que no concreta su vocación es un alma que se marchita.

Al dejar de lado todo lo que no le proporcione resultados exitosos, este personaje deja de escuchar el mensaje de la *Esencia* que es: *"Te van a amar por lo que eres"*.

Error de percepción

Su mente va a preocuparse por encontrar oportunidades que lo conduzcan al éxito; para lograrlo, juega sobre dos parámetros: el de ganador y el de actor, intercambiando el papel, según la situación.

Su pensamiento erróneo es creer que siempre debe brillar, sobresalir, no se imagina fracasar en lo que elija.

Decide conseguir afecto mediante la competitividad y la acción, dando una imagen de éxito que lo mantenga ocupado casi todo el tiempo.

Así comienza a ajustar su accionar en función de las expectativas del otro. Recurre a financiar con todo su dinero, fuerzas y tiempo, lo que elija emprender, para vender sus propias ideas o productos.

Temor principal

Al dejar de ser él mismo para convertirse en lo que el público admira, aparece su temor básico, que es: *a que lo rechacen, a no ser aceptado por el entorno.*

Para no enfrentar ese temor, dedicará el tiempo que sea necesario a concluir su carrera, o a entrenar más horas que lo habitual, si eligió un deporte, o a trabajar la mayor parte del día, si escoge un oficio; es decir a dejar de lado su Ser y ocuparse nada más que del Hacer.

Las decisiones tomadas siempre llevan a un camino. Si bien este personaje se considera muy maduro, es inmaduro emocionalmente, ya que su conducta tiene que ver con el sentido de la consecuencia. No mide lo que hace, y piensa siempre que "alguien lo sacará de los líos en que se mete". Ejecuta lo que les apetece a los demás, para que lo acepten.

Deseo compensatorio

Al no trascender el temor, surge un deseo para compensarlo: *hacer cualquier cosa para sentir que vale y que es aceptado.*

Desea el éxito porque teme que, sin la atención del otro, será alguien que pase desapercibido por la vida. Al buscar la validación, se desconecta de sí mismo, hasta el punto de no saber qué desea realmente y cuáles son sus sentimientos. Es el que tiene el corazón más bloqueado y pierde su energía al ceder ante su temor principal.

Jugará a que está comunicado con el otro y que comulga con él, pero estará actuando; no va a expresarse por medio de su Ser interior, sino de su disfraz.

Imagen que se construye para salir al mundo

Sale al mundo con la máscara de: *"Soy una persona exitosa, admirable, estrella, brillante, sobresaliente"*. Se aferra a ella con la idea de que los demás lo admiren y piensa que si los demás lo admiran, vale, si no lo hacen, no vale nada.

Vende su retrato a los otros y luego a sí mismo para convencerse de esa máscara que se ha puesto y poder seguir defendiéndose del mundo; si los otros no se la compran, puede llegar a sentirse acabado. Lo vive así, puesto que es el personaje que más pánico tiene de descubrir lo que realmente es.

Sabe ajustar su imagen en función de las expectativas ajenas; y, como siempre encuentra algo para hacer, no se da el tiempo para descansar y relajarse.

Será cruel y hostil con los que no compren esa imagen idealizada con la que sale al mundo, para desviar la atención de las personas que pongan en duda su identidad.

Una vez que fija su objetivo, —al cual está totalmente abocado—, va a revestirse de una máscara para no enfrentar su verdad. No conoce lo que tiene dentro de su alma, pero cree que no le va a gustar, prefiere no saberlo y rechaza hacer cualquier tipo de introspección.

Señal de alarma

A pesar de querer acallarla, la *Esencia* escondida en este escalón se manifiesta, recordándole que está equivocando la senda, al sentir que *su valoración depende de su éxito.* Esto le hace empezar a competir, porque le da temor de que lo ensombrezcan y decide buscar perfeccionarse en lo que emprendió.

Cabe aclarar que, si bien se asemeja al personaje 8 en que también compite, el 8 lo hace por desafiar a los demás y no por temor a ser eclipsado y quedar atrás, como en el caso del 3. Otro punto de diferencia es que el 8 va en contra de las reglas sociales, él impone sus propias reglas, en tanto que el 3 no va en contra de ellas, porque teme el rechazo por parte de la sociedad.

Identificación

Se identifica con ser *"El mejor"* en lo que emprenda. Va a hacer todo lo necesario para conseguirlo. Para él, el fin justifica los medios, por lo que si debe usar o aprovechar a otros, lo hará. Ninguna meta es imposible para él, invirtiendo lo que sea necesario para llegar a lo que se propuso, y peleando con sus adversarios para que reconozcan su superioridad. Este personaje no toma conciencia de que su fuerza de voluntad le juega en contra, dado que recurre al engaño o la mentira para enmascarar la verdad, sin reconocer que existen verdades objetivas y que está manipulando la realidad.

Como sabe ajustar su imagen en función de las expectativas del otro, se identifica con lo que hace. Piensa que el valor de cada uno depende de los resultados y del prestigio que ese logro traiga.

Al identificarse un personaje con algo, no ve la totali-
dad, sino sólo una porción de ella, y justifica cualquier acto
en pos del resultado a conseguir Cuando el hombre actúa
por presiones externas, por conflictos que vive en su mundo
interno o por cuestiones ajenas a lo que él es, va a experi-
mentar una alienación y "pierde identidad". Al hacerlo, se
identifica con esas falsas motivaciones, y ejecuta cosas que
en realidad no le atraen en absoluto.

Defecto psicológico

Su "virus" es la *MENTIRA* de presentarse de un modo
que no refleja su propio Ser. Engaña a los demás, mostrando su retrato, y se engaña a sí mismo para mantener eleva-
da su autoestima y motivarse hacia mayores logros. La
mentira está ligada a la vanidad. Si bien no miente voluntariamente, en su necesidad de ser aceptado se persuade
de que lo único que existe es su personalidad. Al conside-
rarlo así, sigue esforzándose en acrecentar su ego, en lugar
de desarrollar su propia naturaleza.

La vanidad es una gran trampa, es la creación de una
imagen de sí que se convierte en sí mismo, ya el hombre no
sabe lo que Es realmente, sino lo que se imagina ser, produ-
ciéndose gran confusión en su Ser. Este defecto es el que
atrapa a la mayoría de los individuos.

Para aclarar este defecto les contaré un cuento que leí
hace algún tiempo:

"Un día, un cuervo vio a un pavo real de bellísimas
plumas que él admiraba muchísimo. Aguardó durante
muchos días hasta que el pavo real empezó a cambiar sus
plumas. Entonces las recogió y se adornó con ellas.

El cuervo estaba muy ufano con su aspecto. Fue al espe-

119

jo para admirarse. Llamó a muchos pájaros para que acu-
dieran a ver cuán bello había llegado a ser de repente.
De pronto, sopló un fuerte viento que le arrancó todas
las plumas de pavo real y el cuervo quedó de pie, frente a
sus amigos, como un pájaro negro desnudo".

Este personaje, al adornarse con las plumas que otros esperan que luzca, deja de ser él mismo. Se presenta de un modo que no refleja su auténtico yo y, por lo tanto, embauca a los otros.

Se convierte en alguien oportunista, deshonesto, mentiroso, y los demás se sienten utilizados. Allí puede aparecer en su psiquis la decepción —se decepciona a él mismo—, al darse cuenta de que es un fraude. Para revertirlo, pasa a autoengañarse, convencerse de que es esa careta que proyecta al mundo. Como se observa, continúa actuando desconectado de sus sentimientos.

Consecuencias de su conducta

Al descubrir que los demás lo rechazan, su temor básico, acrecienta su máscara haciendo una autopresentación: ya no es un ser humano sino un "hacer humano" y se convierte en un objeto que se vende como tal. Para ello se acomoda al instante a cualquier eventualidad que venga de afuera; si tiene que actuar de ejecutivo, lo hace, y cuando sale de allí y debe actuar de padre de familia, sabe hacerlo también. Lo que significa que actúa según las necesidades del momento y vive actuando constantemente, siendo capaz de cambiarse tres veces en un mismo día, si tiene tres encuentros importantes.

Al estar desconectado de su Ser interior, lo que más le

cuesta es intimar con el otro, por eso en su relación de amistad o pareja actúa como "un muy buen profesional" ya que hace de buen esposo o amigo, pero en él nunca hay una entrega total, no intima con nadie. Su temor es que descubran sus inseguridades ocultas.

Los demás comienzan a abandonarlo, se sienten manejados, defraudados, que les ha sido infiel, ya que, cuando su meta lo justifica no es fiel con nadie —pareja, amigos, compañeros de tareas, etc.— y se apartan de su camino para que "no se siga burlando de ellos".

Nueva oportunidad

Vuelve su Esencia a hacerlo pasar por una prueba con el objeto de despertarlo, enviándolo a otro punto de la figura.

Se va al punto 9 del Eneagrama, desilusionándose de la vida, se vuelve apático, se desliga de la realidad —aparece el defecto de la pereza—, aflora el vacío subyacente y pasa a mostrarse en segundo plano, soñando con su próximo éxito, pero ya no lo vive.

Si este cambio de actitud no lo "despierta", el de pasar de estar todo el tiempo en actividad, cuidando su imagen exterior y suscitando la admiración y el favor de los demás, a convertirse en alguien totalmente indiferente al mundo, cae en el:

Sendero hacia la oscuridad

Al seguir creyendo que es el mejor, aunque nadie lo perciba, aparecen la cólera y la hostilidad —adopta una conducta similar al 8—, convirtiéndose en un total oportunista, mentiroso, narcisista. Su deseo es vengarse de las personas por quienes se sintió rechazado. Atacar a los otros, tener grandes explosiones de rabia, ser totalmente deshonesto y hacer cualquier cosa para demostrar que no fracasó, son algunas de sus conductas. Cree sus propias mentiras y es capaz de dañar o de trampear a alguien y negarlo. En su necesidad de triunfo, también puede convertirse en un asesino célebre, como otro modo de mostrarse exitoso.

Se trasforma en un individuo muy cruel, ya que no le importa hacer daño a sus semejantes.

En caso de enfermar físicamente, un infarto de miocardio o un derrame cerebral puede detenerlo en su accionar; esta situación, para él, significa pasar de ser alguien "exitoso" a un "fracasado".

Cómo "desandar los pasos"

- Tomar conciencia de que tiene una imagen y quitársela. Ser trasparente y no esconderse detrás de su máscara. Ver que él no es su profesión, el cargo que ocupa, sino algo más.
- Prestar más atención a los sentimientos y a las necesidades del corazón. Sería beneficioso que tuviera una amistad o una pareja con quien pudiese hablar, abrir su corazón y no sentirse rechazado.
- Afrontar con humildad los éxitos y fracasos como senderos hacia la verdad de las cosas y aprender a decir: "me equivoqué".
- Entrar en un grupo de servicio sin ser el mejor, la estrella, el líder del grupo, para darse cuenta de que lo aceptan como es.
- Hacer algo creativo manual, como pintar, esculpir o

escribir; sólo para su disfrute, sin exhibirlo ante nadie. *Toda vez que se hace algo creativo, se activa la energía femenina, esta no necesita ser expuesta; es la energía masculina la que se muestra al mundo, y en este personaje, el porcentaje de ella es muy alto.*

- Relajarse, darse tiempo libre, aflojarse, no estar buscando todo el tiempo público para que lo aplauda.
- Saber percibir las diferencias entre la acción y el sentimiento, especialmente en las relaciones interpersonales. En suma, aprender a dar y recibir amor.
- La práctica de la meditación puede conducirlo a dejar de "hacer" y comenzar a "Ser".
- Guiarse por sus mejores talentos y desarrollar sus propios valores.
- En resumen: *"Ser fiel a sí mismo".*

Camino hacia la luz

Para liberarse de su error de percepción, debe estar dispuesto a arriesgarse a perder la aprobación de los demás y seguir el dictado de su corazón.

El camino para ello es trasladarse al punto 6 del Eneagrama. Allí conoce lo que es la igualdad, la cooperación y la verdad.

Al llegar a ese punto, aprende a comprometerse con los demás y con objetivos que trascienden su interés personal; cuando está en su personaje, no se compromete con nadie. Se vuelve fiel, igualitario, amable y puede pedir ayuda.

Descubre su virtud, la *Autenticidad,* que es un estado interior en el que no necesita un papel con el cual identificarse. Aparece como objetivo vivir desde su "yo" verdadero, desde su auténtica realidad, desde la verdad de sí mismo y no del engaño de su falso e irreal yo. Descubre, al ser auténtico, que vale por lo que Es y no por lo que la sociedad puede valorar, por ejemplo la profesión, el nivel de ingresos mensuales, las cualidades físicas, etc.

Se convierte en alguien sencillo. La Sencillez es, nada más y nada menos, que dejar de perseguir metas e imágenes y abandonar la falsa idea de que se tiene que demostrar que se han adquirido las credenciales necesarias para que lo consideren una persona de éxito.

La sencillez es el primer paso para volver a la sinceridad; lo difícil es ser sencillo.

Cuando el hombre crece y se vuelve más noble y bello, se torna más sencillo, todo es claro alrededor de él.

Al sanarse, logra aceptase a sí mismo y convertirse en alguien fidedigno, verdadero; no necesita ser superior, sino que se conecta con su valía esencial, y ello inspirará a los demás a desarrollar la suya. Se trasforma en líder efectivo, motivador de grupos o capitán de equipos vencedores.

Al usar bien sus talentos, que son: autenticidad, honestidad, simplicidad, adaptabilidad, seguridad en sí mismo y genialidad para la comunicación, llega a ser un auténtico modelo para los demás, sirviéndole de guía en la legitimidad que puede llegar a emanar, adquiriendo el Don de la Verdad.

La verdad necesita de pocos argumentos.

Representación gráfica del Personaje 3

1- Temor Principal: Ser rechazado
2- Deseo Compensatorio: Ser aceptado
3- Creación de una Imagen: Persona exitosa, sobresaliente

Señal de Alarma: valoración por su éxito

4- Identificación: El mejor
5- Defecto Psicológico: Mentira
6- Consecuencias de su Conducta: lo dejan solo

Nueva Oportunidad: Ir al punto 9 del Eneagrama

1- Táctica de Supervivencia: Explotación y oportunismo
2- Pérdida del Contacto con la Realidad: Trastorno de personalidad narcisista
3- Conducta Destructiva: hacia los demás

CAMINO HACIA LA LUZ: IR AL PUNTO 6 DEL ENEAGRAMA

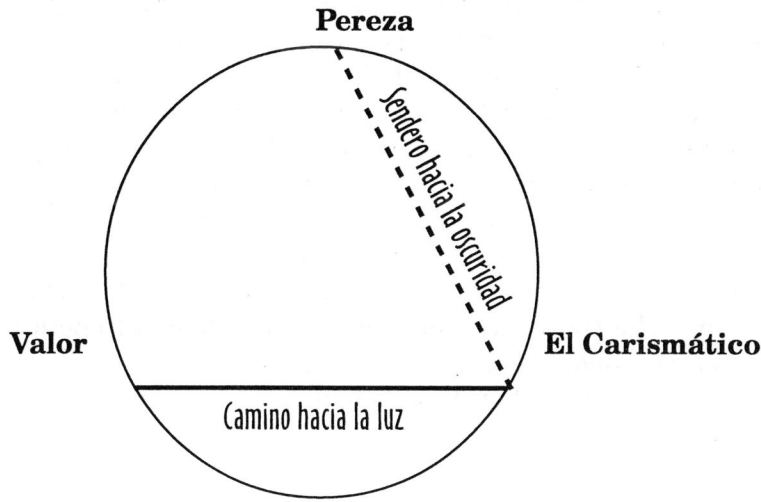

La envidia es el humor venenoso
que mana por la herida abierta
del desengaño de la insignificancia propia.

José Ingenieros

PERSONAJE N° 4: EL ARTÍFICE

Es el personaje romántico, introspectivo, consciente de sí mismo, sensible, intuitivo y gentil.

Busca calor, seres poderosos para que lo protejan, personas que lo escuchen, tiempo para que compartan sus estados de ánimo y la intensidad con que vive la vida.

Es el individualista del Eneagrama. Sus emociones son intensas y se siente atraído por lo lindo, lo único y lo original, por lo que expresa sus sentimientos en forma exagerada, se considera exento de vivir como los demás.

Se deprime con frecuencia permaneciendo por largos períodos aislado; si esto lo acepta, vive en forma fatalista; si no, lucha contra la depresión a través de una frenética hiperactividad.

No le agradan la rutina, lo banal, la crítica ni las disciplinas.

Es otro integrante de la tríada de lo emocional, también llamada por algunos autores la tríada "de papá y mamá", dado que todos sus personajes son como niños buscando la aprobación de estos y para ello, van a crear imágenes diferentes.

El 4 cree que es distinto de los demás y que, por ello, nadie puede amarlo ni entenderlo. Puede ser poco práctico y autocomplaciente. Su autoestima es baja. Siente inseguridad en relación a quien es realmente. Necesita mostrarse como una persona diferente de las demás, dado que piensa que posee cualidades especiales, pero también que tiene defectos únicos.

Conoce sus deficiencias y diferencias, y se centra en ellas con el fin de mantener un sentimiento de duelo, por lo que supone que nunca va a alcanzar.

Su manera de llamar la atención es apegándose a lo negativo y hacia lo malo que le está sucediendo.

La característica de este grupo es la hostilidad y crueldad. Va a ser cruel y hostil con él mismo, cuando su imagen no le sirva más; pero alguien que es hostil consigo mismo, también lo es con los otros.

Es otro de los introvertidos, se aísla dentro de su psiquis para fantasear, en lugar de vivir la vida.

Su adicción es al consumo de bebidas alcohólicas, dulces y tabacos, para poder relacionarse con la gente y satisfacer su vacío emocional.

Su compulsión es la melancolía y su forma de manipulación es reclamar necesidades que deben ser satisfechas de modo inusual.

Su estrategia defensiva es no encajar en ningún grupo social.

Cómo ve al mundo

Percibe que el mundo lo abandonó, que algo le faltó, por lo que siente un vacío muy grande. Cree que tiene que haber algo equivocado en él, por lo cual se lanza a la búsqueda de sí mismo o a idealizar a otras personas que lo salvarán y rescatarán de esa situación. Basa su identidad en su estado de ánimo interno, y como este varía siempre, su identidad es siempre cambiante.

Duda de su filiación y se conduce jugando a las escondidas con los demás para que adviertan su ausencia; se aísla del mundo, pero va a hacer todo lo posible para que lo rescaten. Cuando alguien lo quiera liberar tratará de impedirlo, inconscientemente, dado que si lo consigue, ya no puede sentirse tan especial como cree que es.

Al considerar que la vida no es justa con él, comienza a resentirse contra ella, sin tomar conciencia de ello. Esto lo arrastra a revivir en su imaginación escenas relacionadas con padecimientos, a fin de obligarlo a sufrir.

Mensajes de la esencia y personalidad

Como cree que "le falta algo", su pensamiento empieza a distorsionarse y aparece el mensaje de su personalidad a ser escuchado. Este dice: *"Estarás bien si eres verdadero a ti mismo"*. Mantener su insistencia en ser él mismo se basará, entonces, en diferenciarse de los otros y en ser único, lo que lo conduce a rechazar sus cualidades positivas porque se asemejan a la de las otras personas, ignorando que está generando una identidad negativa.

Al entrar en la queja, comienza a hacer una lista de todas sus pérdidas, de sus fracasos, frustraciones, enfermedades, temores, pérdidas económicas, sufrimientos recientes o antiguos, y demás faltantes. Hace caso omiso de lo que tiene en este momento, se concentra en lo que le falta, usando la imaginación para prolongar sus estados de ánimo.

El mensaje de su *Esencia,* a la que no escucha, es: *"Te van a querer tal cual eres".*

Cada personaje, al no escuchar el mensaje esencial, comienza a "abandonarse a sí mismo" y a desarrollar defensas para cubrir este abandono.

Error de percepción

Su mente está continuamente preocupada en buscar la plenitud que, supone, existe en los otros.

Su sensación de individualidad lo lleva a entrar en la queja, gran absorbente de energía, comenzando un diálogo interno mecánico sobre el que no puede tener control alguno y que es difícil de detener. En ese diálogo se plantea que es una persona que se siente abandonada, injustamente tratada, que no tuvo buenas oportunidades, y que es incomprendida; o, en su afán de distinguirse del resto, suele pensar que posee talentos únicos, pero también desventajas singulares. A lo largo de su vida puede probar varias identidades diferentes para encontrar su estilo.

Temor principal

Debido a que es introvertido y no ve sus cualidades positivas, aparece en su psiquis un temor: *a ser incompleto, a no ser importante, a carecer de identidad.*

Al conectarse con lo negativo y sentirse abandonado, incomprendido, crea su identidad desde lo que siente, *el pobre de mí,* ensimismándose en el papel de víctima o trágico. Su forma de llamar la atención y reforzar sus estados de ánimo, es ampliar su cultura y conocimientos para emular a los otros, o buscar vivir en ambientes diferentes, embelleciéndolos con cuadros importantes y adornos sofisticados. La vida ordinaria lo aburre y se convierte en alguien que se ve como una persona diferente al resto del mundo; cada vez se siente más especial, más diferente.

Cuando un temor hipnotiza al individuo, en este caso el ser incompleto, logra apoderarse de su atención de modo tal que esta descuida recibir nuevas impresiones y aprender cosas distintas a las que sabe. En lugar de preocuparse por su estado de ignorancia, va a la deriva de la corriente de la vida, permitiendo a su imaginación vagar libremente. El 4 reacciona sintiéndose abandonado, que no tiene una pertenencia, y comienza a alejarse del resto para hacer difícil la vida de las personas que están cerca.

Deseo compensatorio

Ello origina un deseo para superarse, en este caso: *a completarse, comprenderse y descubrirse a sí mismo.*

Como su vida se forma de emociones, se siente muy bien cuando le ocurren cosas importantes; como, por ejemplo, mantener relaciones idealizadas con alguna persona, pertenecer a una clase privilegiada, desempeñar un papel importante en la sociedad o buscar la atracción de personas cultas, eruditas y estimulantes. Necesita algo que intensifique sus sentimientos, cultiva un yo de fantasía, es sofisticado y busca un sentido de su existencia.

Esto ocasiona que se quede colgado con cosas imposibles, como la carrera que no logró terminar, un amor no correspondido, un objeto carísimo al que no pudo acceder, o un empleo para el cual no estuvo capacitado.

Imagen que se construye para salir al mundo

La imagen que elige es la de que lo vean como una persona especial, va a mostrarlo con embellecer el lugar donde vive, usar un modo extravagante en el vestir o distinguirse a través de su manera de actuar o de comportase.

Tiene mucho sentido de lo estético y es muy romántico. Se disfrazará mostrando que es: *"una persona sensible, profunda, calmada, intuitiva, misteriosa, original, diferente"*.

Entra por lo tanto, en una espiral trágico-romántica que puede llevarlo a resultar folclórico y hasta ridículo, amplificando sus emociones hasta hacerse daño, porque estas son el motor que necesita para vivir.

Lo que le cuesta mucho ver es que los sentimientos van y vienen, no son hechos, son pasajeros; como él los amplía o los reduce, se convierten en reacciones emocionales exageradas.

Su subjetividad es tan grande que no puede apartarse de esa madeja que teje internamente.

Señal de alarma

Su fantasear, el ensimismamiento y las comparaciones negativas, además de alejarlo de la realidad, lo llevan a una exagerada emotividad y cambios de humor. Si le dicen "A", enseguida arma toda una historia y siente "B", "C"..., se torna hipersensible o susceptible a cualquier comentario. En vez de dejar que sus sentimientos sean espontáneos trata de manipularlos, conduciéndolo a alejarse de la realidad. Para rescatarlo, su *Esencia* le avisa que si continúa *imaginando* y no viviendo la vida, adoptando una posición de retraimiento, ensimismamiento y sintiéndose que es la excepción a la regla, esto lo lleva a neurotizarse.

Este es otro caso de personaje deflacionado —como el 9— y está tan enfermo como los personajes que se creen superiores.

Identificación

Se identifica con ser *"El especial"*, ansiando encontrar a alguien que valore su Yo secreto. Para ello mantiene una distancia segura, por temor a ser nuevamente abandonado y fija su atención sólo en sus estados anímicos, en lo que siente interiormente, resistiéndose a ser igual a los otros. Cabe aclarar que todo esto lo hace en forma sutil, no evidente, ya que es una película que idea sólo él y no la cuenta.

El deseo de ser él mismo hace que piense que las normas y expectativas de vida no le son aplicables. No se siente obligado por nada, haciendo caso omiso de reglamentos y disciplinas de la sociedad, sobre todo de las que restrinjan la expresión de sus emociones.

Busca ser libre para comportarse según sus estados de ánimo, por lo que puede tomar el hecho de ganarse la vida trabajando, como algo que impide su exploración. Considera que es menester esperar a completarse, antes que hacer una tarea. Su pensamiento erróneo le hace caer en la auto-indulgencia, que es la actitud de los cómodos y flojos. Sufre profundamente al darse cuenta de su incapacidad para realizar cosas y no toma conciencia de que sólo es producto de una necesidad neurótica de acariciarse a sí mismo, cada vez que es necesario realizar un verdadero esfuerzo. Su distorsión de la forma de ver la realidad crea en su psiquis un santuario de fantasía, donde se refugiará cuando la rutina lo agobie y vivirá en él con sentimientos de grandiosidad. Imagina que los demás se van a asombrar cuando vean sus talentos o cómo cambiará su vida cuando aparezca su alma gemela o consiga el empleo acorde con su nivel, pero no acciona, sólo vive con el pensar y el sentir.

Ya no ve la realidad, puede haber un problema enorme en su casa, en su trabajo o en su entorno, pero él no se da cuenta de lo que está pasando. Se vuelve hipersensible, proyecta que todos están en su contra; es cruel y supone que nadie lo comprende.

Ahí está la neurosis, en creer que él es el único que tiene problemas, que los demás no le cuenten los suyos, porque con su sufrimiento ya es suficiente. Se vuelve totalmente *narcisista* en esta instancia.

Se enamora de su sufrimiento, de su debilidad y crea problemas inexistentes para poder decir que se siente abandonado, perdiendo cada vez más su autoestima y teniendo dificultad para aceptarse y reconciliarse consigo mismo.

Defecto psicológico

Su "virus" es la *ENVIDIA,* sentimiento provocado por

el deseo de tener lo que no está al alcance de uno; nace de la percepción de la carencia de algo o de alguien. Los defectos psicológicos nacen como respuesta a la pérdida de conexión con la *Esencia*; en caso del 4 conserva cierto grado de conocimiento de esta desconexión, pero cree que sólo él la sufrió, los demás sí están "completos", por lo tanto, los envidia. Cree que todos pueden y él no, que los demás fueron dotados de muchas herramientas más que él para afrontar la vida, por lo cual logran sus objetivos. Se compara negativamente, ve en los otros lo que no puede ver en sí mismo. Se imagina, de algún modo, un discapacitado que no puede alcanzar sus metas.

Lo negativo de su psiquis es como una mancha negra. Al ponerse en el rol de víctima, esa mancha comienza a agrandarse y todo es oscuro, por lo tanto no ve la luz, no ve sus cualidades, no tiene esperanza ni salida. Se sabotea y odia a sí mismo.

Este es el defecto más dañino de todos, porque al "envidiar" a alguien generamos en él —aunque inconscientemente— una fisura en su Ser, que lo lesionará, cometiendo una falta de respeto por el alma ajena.

Consecuencias de su conducta

Su conflicto interno se balancea entre la necesidad de expresar sus sentimientos y reprimirlos. Su timidez, inhibición y su forma sutil de llamar la atención, lo convierten en un narciso centrado en su propia persona, vanidoso y orgulloso. Es, a su vez, insensible a los sentimientos de los demás, siendo esta su forma de manifestar agresividad, ignorando a los demás y a su vez demandándolos.

Busca siempre que el adulto sea el otro y él el niño. Si es mujer, anda en busca de su príncipe azul, o si es hombre, de su princesa. Cuando ve que el otro es un ser humano, con virtudes y defectos, lo descarta. Al considerarse tan diferente, sus rescatadores ya no pueden con él. Tiene *un problema para cada solución*, lo cual cansa a su entorno, ya que nadie puede entenderlo y optan por dejarlo solo.

Nueva oportunidad

Vimos que para ayudarlo a su recuperación, su *Esencia* lo traslada a otro punto del Eneagrama, en este peldaño.

En el caso del personaje 4 se dirige hacia el punto 2 del símbolo.

En estas instancia empieza a ayudar a todo el mundo, a hacerse cargo de la gente, ya que no quiere responsabilizarse de su propia vida. Comienza a preocuparse por sus relaciones y busca acercarse a las personas que le caen bien, para asegurarse vínculos sólidos. Provoca escenas emotivas que cansan al otro o producen su abandono, con lo que nuevamente surge su temor. Está pésimo, pero como es un niño que no quiere crecer busca, desligándose, ayudar a los necesitados —aparece el orgullo— al ocultar sus problemas concentrándose en los del otro. Como se comprenderá, nadie puede ayudar a los demás si él mismo está necesitando ayuda.

Si toma conciencia de esto, comienza a subir de escalón, en caso contrario se va al:

Sendero hacia la oscuridad

Busca seres poderosos para emparentarse, gente protectora con la que luego nunca se conforma. Se torna totalmente depresivo, puede llegar a suicidarse o a intentarlo, como otra forma de llamar la atención. En caso de que lo haga, dejará todas las pistas para que alguien se haga responsable de su muerte, por supuesto, aquellos que según él podrían rescatarlo y no lo hicieron.

Una relación típica de pareja o sociedad es un personaje 4 con un 8. Al 8 le gusta encontrar gente necesitada y el 4 quiere que lo rescaten.

Si bien, cuando el Ser está en esencia, no existen vínculos mejores o peores, porque no hay personajes sino Seres, en estado neurótico ningún vínculo llega a buen término. En este caso, el desequilibrio se produce porque cuando el 8 considera que consiguió a una oveja más para su rebaño, el 4 recordará que si es entendido por el otro ya no es tan especial, y volverá a resistirse.

De manifestarse en lo físico la enfermedad, esta será con relación a problemas de descalcificación ósea, por ejemplo osteoporosis, o hipotiroidismo, dado que la desvalorización en la que entra, puede conducirlo a ello.

Cabe aclarar que al nombrar posibles enfermedades físicas en cada número, no significa que el lector se "encuentre" en el Eneagrama según sus dolencias. Sin embargo, el hombre no se enferma de lo que quiere sino de lo que puede, ya que la enfermedad física es otro modo de aprendizaje para corregir lo que se niega a aceptar.

Cómo "desandar los pasos"

- Tiene que mover el cuerpo, caminar, danzar, sacar la energía estancada, la cual lo hace paralizarse y tender a dormir en demasía.

- Volver a la realidad cada vez que detecte que está retirándose a su santuario de fantasía, o sea, vivir el presente.
- Debe tener una actividad, un trabajo, una disciplina, no empantanarse, esto lo convertirá en alguien más real y objetivo.
- No debe aislarse, tiene que salir al mundo y no ser tan hipersensible.
- Aceptar serenamente la insatisfacción de sus propios deseos.
- Evitar conversaciones en su imaginación con sus amantes o amigos, ya que sólo son ensayos de acción y aprender a ser buena compañía para sí mismo.
- Tratar de descubrir que hay una realidad concreta mas allá de su vida pasional.
- Recuperar el equilibrio de la propia vida sentimental.
- No sucumbir a la autocompasión, sino encauzar las propias energías en acciones constructivas, desarrollando las propias capacidades sociales.
- En resumen: *"Ser fiel a sí mismo"*.

Camino hacia la luz

Para salir de su círculo vicioso debe "moverse" al punto 1 del Eneagrama. Desde allí comienza a dedicarse a una actividad y toma una disciplina, se organiza y trabaja por aportar algo valioso al mundo, para no escaparse a sus emociones. Esto lo hace más real y logra tornarlo objetivo. Comprende que el Universo creó a cada hombre diferente, pero que forma parte de un todo, y no está solo ni aislado.

Al trasmutar su defecto, descubre que cada ser en el cosmos ocupa un lugar y nadie puede usurpar el lugar de otro. Con ese aprendizaje, trasciende la envidia.

Para sanarse debe chequear si sus sentimientos son reales o no, ya que son muy cambiantes, dejar de jugar a hacer las cosas y ejecutarlas, tomar responsabilidades hasta en sus últimas consecuencias y proponerse algo y cumplirlo, aunque en ello se juegue la vida. La tarea es, entonces, la conexión con sus instintos, el abandono de las situaciones emocionales que representa en su mente, para dejar de ser espectador y participar en la vida.

La virtud a desarrollar es la *Ecuanimidad* o igualdad de humor, aprender a descubrir el equilibrio y la armonía, sentirse de acuerdo consigo mismo, sean cual fueren las circunstancias, para adquirir la capacidad de aceptación.

Lo logrará cuando esté en el *presente*, dado que su atención siempre se halla viajando hacia el pasado, el futuro, lo inaccesible y lo ausente, y cuando deje de lado su consideración interna por la externa. Esto equivale a un proceso de empatía, de colocarse en lugar de las otras personas y entender que sus dificultades y limitaciones son similares a las suyas.

Al emplear ese mundo interno de fantasía que posee, para la creatividad en el diario vivir, comienza a ser artífice de su propia vida, plasma su imaginación y despierta su *Arte interior*. Este personaje, cuando se sana, reconoce cualidades que antes le eran invisibles: firmeza, fuerza de voluntad y claridad. Descubre que ser él mismo no exige ningún esfuerzo especial, no necesita sentirse diferente ni ser salvado por alguien. Su creatividad lo compromete con la belleza y la vida apasionada y al mostrarlo, ayuda a despertarlo en los demás.

Utilizando en su beneficio sus talentos: originalidad, profundidad, creatividad, sensibilidad, intuición de sí mismo y de los demás, discreción, inspiración y respeto, puede renovarse y trasformar sus experiencias, mostrará al mundo el Don de la Fortaleza, que consiste en reforzar el ánimo para tolerar lo desagradable y acometer lo que debe hacerse a pesar de las dificultades.

"No existe ningún problema que no te aporte simultáneamente un Don. Busca los problemas porque necesitas sus Dones" (Richard Bach, en su libro *Ilusiones*).

Representación gráfica del Personaje 4

1- Temor Principal: Ser incompleto
2- Deseo Compensatorio: Ser completo
3- Creación de una Imagen: Persona sensible, profunda, misteriosa

Señal de Alarma: Imaginación

4-   Identificación: El especial
5-   Defecto Psicológico: Envidia
6-   Consecuencias de su Conducta: lo dejan solo

Nueva Oportunidad: Ir al punto 2 del Eneagrama

7- Táctica de Supervivencia: Dependencia de personas, relaciones inestables
8- Pérdida del Contacto con la Realidad: Trastorno de personalidad evasiva
9- Conducta Destructiva: hacia sí mismo

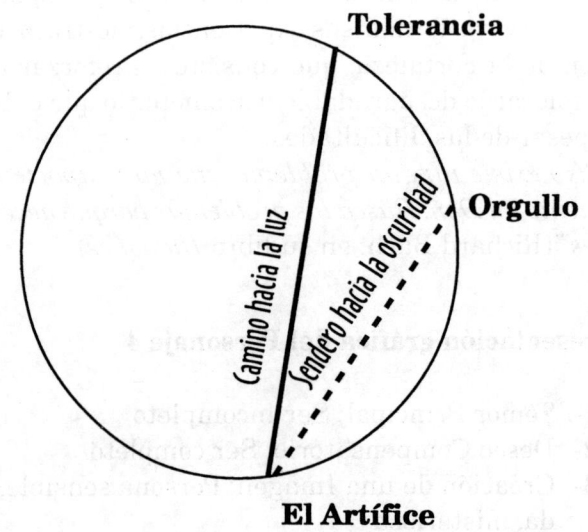

Capítulo V

Para aquel que ha conquistado la mente,
esta es el mejor de los amigos;
pero para aquel que no lo ha hecho,
la mente permanecerá como su peor enemigo.

Del Bhagavad Gita

TRÍADA DE LO MENTAL

PERSONAJE N° 5: EL FILÓSOFO

Es el personaje cerebral, perceptivo, alerta, curioso, perspicaz e innovador. Le gusta vivir en la intimidad, con discreción y silencio.

Prefiere observar y pensar a actuar, tiende a diferir la acción y a renunciar al propio protagonismo.

Es solitario, se atrinchera en su mundo de marfil, prefiriendo la reflexión a la acción. Esto no significa que siempre desee estar solo, pero no se angustia por no conectarse con la gente; su atención se concentra en entender el funcionamiento del mundo para, luego, entrar en él.

Su sistema de valores se desarrolla en torno a pensar, saber, conocer, comprender y proteger el espacio vital.

Pertenece a la tríada del pensar, de la mente, por lo tanto, lo que más le cuesta a este personaje, es detener esa mente. Puede concentrarse profundamente y comprender ideas complejas; pero también se preocupa por sus pensamientos e imaginación. Su anhelo es descubrir por qué las cosas son como son. Oculta, tras esa búsqueda de conocimiento, la inseguridad, piensa que no tiene capacidad para hacer las cosas tan bien como los demás.

Este personaje vive la vida desde historias, conceptos, ideas, filosofías. No se conecta con su físico ni con sus sentimientos. Se va a la mente, y al no sentir ni su cuerpo ni sus emociones, deja de estar en *presencia*.

Es el número más mental y analizador de todos. Utilizará su fuerza vital —recuerde el lector que, junto con el 2 y el 8 son los que tienen más energía— para pensar y buscar constantemente estrategias para anticiparse y controlar todo a su alrededor.

Su vocabulario es racional, con conceptos raros, complicando las cosas. Busca a personas inteligentes para que se sientan atraídas por él.

Como el 4 y el 9, es un personaje introvertido, por lo que, cuando la realidad no le agrada, se retira a un santuario mental, para evitar a las personas, considerando que su compañía ofusca la claridad de su mente.

No acepta las reglas de la sociedad y prefiere explorar nuevas ideas y formas.

Su adicción es a la poca alimentación, a la falta de higiene y de actividades físicas, para la reducción de sus necesidades.

Su compulsión —algo a lo que no puede resistirse— es la mezquindad, y su forma de manipulación es desligarse emocionalmente del otro.

Su estrategia defensiva es tender a un mundo interno de ideas que le impiden ser normalmente sociable.

Cómo ve al mundo

Percibe al mundo exterior como invasor y peligroso, así que se conforma con lo poco que tiene, antes de arriesgarse a salir a experimentar la vida. Se protege de esta creencia, estableciendo una distancia con los demás y adquiriendo información de cómo es ese mundo, para luego, recién cuando lo comprenda, sumergirse en él.

Su pensar se distorsiona al creer que, si entiende todas las situaciones en su conjunto, no caerá en ninguna trampa.

Mensajes de la esencia y personalidad

El mensaje que alimenta su personalidad es: *"Estarás bien cuando domines algo en tu vida, cuando tengas la maestría en algo"*. Esto lo lleva a controlar sus sentimientos, observar y conceptualizar las cosas y limitar sus necesidades, ya que ser autosuficiente es tranquilizador, dado que si necesita lo pueden llegar a manipular.

Esta actitud genera que se aísle y se aparte más del resto del mundo, minimizando sus necesidades y retirándose en busca de capacitación. Se mantiene aparte, pero puede ser muy intenso y sensible. Procurará independencia o, en realidad, la "no intromisión" de los otros para lograr seguridad y el mando de su vida. Toma la decisión de vivir desde la seguridad y no desde la confianza: *obsérvese que es la característica de toda la tríada*. Buscará reforzar sus conocimientos para poder insertarse en la sociedad, cortar en su psiquis el deseo de ser acogido y la necesidad de objetos o personas para compartir su mundo. El objetivo es convertirse en alguien independiente y autónomo.

El mensaje que envía su *Esencia* y no es escuchado es: *"Puedes tener necesidades, te van a querer tal cual eres".*

Note el lector que, en todos los casos, la Esencia nunca nos pide la persecución de ninguna meta ni la búsqueda de resultado alguno, sino simplemente nos alienta a ser como se Es.

Error de percepción

Su mente se preocupa por buscar la intimidad, proteger su tiempo y su presencia para administrar sus emociones, no derrochar energías y evitar intrusiones; además, la desconfianza es todo un tema para él.

Se aferra sólo a sus ideas y percepciones de la vida. Cree que tiene que llegar a comprender cómo funciona el mundo, saber el porqué de todas las cosas, vivir una vida de asceta, como en un monasterio, hasta que entienda todo, y allí recién salir de su burbuja.

Prefiere estar libre de obligaciones y huir del compromiso. Su propósito es encontrar formas de evitar el contacto y vivir la vida como espectador, intentando no involucrarse.

Aquí ya se está alejando de la realidad, porque *nadie* puede llegar a comprender todo en la vida para, luego, poder vivirla.

Como se observará, en esta instancia, todos los personajes comienzan a dejar de tener presencia, alejándose de su Esencia.

Temor principal

Al iniciar este alejamiento, aparece en su psiquis un temor básico: *a ser incapaz, a no servir, a sentirse nada ni nadie, a no tener poder interno, no lograr dominar nada en la vida.*

Para defenderse de su miedo y seguir funcionando, toma la decisión de observar al mundo sin participar de él, buscando especializarse en algo.

Deseo compensatorio

Surge el deseo que compensará su miedo: *ser una persona capaz y competente.*

Decide que lo logrará siendo *investigador* en algo; a través de su gran mente encontrará algo especial en qué ocuparse y rechazará todo lo que no sepa hacer. Al vivir solo en un área de su vida se "ermita"; no deseará conocer nada más. Actuará en forma rara, sin participar de la vida, escondiéndose en algún lugar tranquilo para dedicarse a su investigación y, como su inteligencia es muy grande, aprende rápido lo que se propone.

Comienza a no sociabilizarse; un libro, una computadora, un instrumento musical son su compañía, buscando esa cosa no usual en la que pueda destacarse para luego, mostrarla al mundo.

Su conducta es evasiva, dado que confunde desapego con indiferencia.

Desapegarse, no es desconectarse de las emociones, sino no quedarse atrapado en ellas, es sentir el dolor del otro pero no apegarse a ese dolor porque, en realidad, siempre el otro tiene la fuerza suficiente para salir de él; sólo se comul-

ga con el semejante. Indiferencia significa no querer conec-
tarse con nada, para no involucrarse, es estar metido en
una "cápsula".

Imagen que se construye para salir al mundo

Empieza a tratar de ser invisible a fin de que no lo molesten y dedicarse todo el tiempo a sus observaciones, por lo que se va a poner la máscara de: *"Soy una persona observadora, perceptiva, curiosa, racional, no usual, contemplativa, alerta, cerebral, objetiva".*
Tiende a retenerlo todo para sí, no está dispuesto a privarse de lo que tiene o sabe, por miedo a empobrecerse.
Se amuralla para no ser invadido, entrando en problemas sociales de comportamiento.
Cuando la personalidad es la dominante, el hombre sólo reconoce en sí una parte de sus cualidades. Cada personaje lo hará en relación con la tríada a la que pertenece, abandonando las de su totalidad. En este personaje se habla de cualidades de la mente, no de las emociones ni del cuerpo, como se veía en los números de la tríada de lo emocional o del instinto.

Señal de alarma

Aparece cuando *se retira a su santuario mental,* se desliga de sus emociones y de su cuerpo. Su *Esencia* le avisará, si está con su atención en él, que algo funciona mal, que se está neurotizando, que está observando pasar la vida en lugar de vivirla. Su análisis y perfección lo estancan. Convierte las experiencias en conceptos, por ejemplo, si le consultan por un problema, comienza a conceptualizar, aporta ideas, pero no escucha al otro, sólo argumenta su opinión. Puede perderse en sus pensamientos y algunos días es imposible intercambiar una palabra con él; desconecta el teléfono y está apartado en los grupos. Si detecta esta evasión, puede volver al presente, con lo que recupera su Ser, de lo contrario, sigue perdiendo identidad.

Identificación

Se identifica con ser *"El experto"*. Cree que saber algo que los demás no saben, lo trasformará en alguien más importante. Se convierte en un individuo secretivo y monotemático, sólo habla de lo que sabe y tiene "entre manos". Toma esta actitud, no para comunicarse con el otro, sino para requerir información y seguir avanzando en su tema. Su mente está totalmente abocada a ser pionero en lo que se propuso descubrir, utilizando todo su tiempo en eso y llegando cada vez a lugares más recónditos.

Como es un personaje innovador, va a buscar lo que nadie busca, a interesarse en lo que se quedaron parados los otros por falta de tesón para proseguir, y a perseguir la excepción a la regla.

Para verlo mas claro, imagine a esos hombres de laboratorio que están tan abstraídos en sus investigaciones que ni siquiera dedican tiempo a comer, o a ducharse. Pueden pasar las 24 horas del día en lo que están haciendo y su forma de dirigirse al otro es diciéndole "no me vengas con tus pequeños problemas que yo estoy en algo importante y no puedo distraer mi tiempo ni mi energía en vos". Podemos verlo también en aquellos pintores que jamás llegan a exponer porque consideran que no tienen nunca sus obras completas.

*Como vemos, el Ego siempre se identifica con un rol —
en este caso el experto—, la Esencia no se identifica con
ninguno, no le interesa ser nada ni nadie.*

Defecto psicológico

Su "virus" es la *AVARICIA* y surge como consecuencia
de sentirse pequeño e incapaz en el mundo. Esta se manifiesta en varios contextos: en la parte intelectual, como tendencia a no trasmitir los propios conocimientos; en el ámbito
afectivo, como una inclinación a mantenerse distante y no
compartir sentimientos; en lo social, como una resistencia
a implicarse y emplear su tiempo en cosas superficiales; en
lo material apegándose a sus cosas queridas. Es egoísta,
busca su propio interés sin atender al de los demás. Su pensar es: "lo mío está primero".

Invierte todo su tiempo y dinero en lo que se propuso;
no es generoso con los demás ni con él, ya que sacrifica sus
placeres en pos de ese objetivo a alcanzar.

Como tiene la inhabilidad de terminar proyectos, nunca cree que adquirió la maestría totalmente en algo; lo que
le hace suponer que se debe a que no tiene suficiente tiempo para ocuparse en demandas ajenas. Esto hace que, cada
vez, se aísle más.

Es avaro, austero, con su presencia, con su tiempo, con
su dinero, con su dar a los demás y a él mismo. En realidad
su temor es enfrentarse al mundo sin la energía y la capacidad suficiente para ello. Este es otro personaje —como el
4 y el 9— que "achica" su personalidad para escapar de sus
responsabilidades.

*Todos los defectos psicológicos tienen su origen en la
inmadurez emocional del hombre, lo que impide su capaci-*

dad decisoria y el encuentro del camino a seguir: "Quien no sabe dónde va, termina yendo a cualquier parte". Al tomar decisiones por temor, se abren otras puertas y por ley de consecuencia, se aparece en otro sitio.

Consecuencias de su conducta

Dado que sus ideas son su fuente de seguridad, las propone y defiende con pasión y es capaz de ofender a los que no están de acuerdo con él. Con el fin de preocuparse nada más que de lo suyo, se aleja de los demás para que no interfieran en su trabajo. Para no perder energía en ellos, piensa que dispone de poca y la debe aprovechar al máximo en lo que está haciendo. Vimos al comienzo que no es cierto que no tenga energía suficiente, lo que ocurre es que, al no tener capacidad dadora, esta no fluye. Su negarse a dar hace que esto no lo vea.

Otros personajes en esta instancia se quedaban solos porque el resto los abandonaba, pero en este caso, él elige la soledad. Es el "ermitaño" del Eneagrama.

Además, como es muy argumentativo y extremista, se vuelve irónico, cínico, piensa que toda la gente es necia, subestima a los otros y se aparta del mundo.

Nueva oportunidad

Para recordarle su equivocación, su *Esencia* lo envía a otro punto del Eneagrama, el número 7, en su estado malsano.

Se vuelve inquieto, agitado, hiperactivo, no para en ningún sitio, se descontrola, anda sin rumbo fijo, busca experiencias sin discriminación, y es un derrochador de su tiempo, dinero y ocupaciones —aparece el defecto de la gula— lo que le hace perseguir estímulos inmediatos constantemente.

Si este personaje no se observa y toma conciencia de que su conducta varió, la de estar todo el tiempo recluido e invirtiendo tiempo y dinero, a comenzar a dedicarse a diversas actividades a la vez y darse todos los placeres mundanos, y ello lo *despierta* a ascender de su espiral, cae en el:

Sendero hacia la oscuridad

Aquí enferma, ya que no está haciendo nada y sólo vive la vida desde la mente —a esta altura se imagina ejerciendo una tarea profesional en lo que es experto o manteniendo una relación de pareja en su fantasía, dado que su acción es casi nula— y tiene ilusiones de control y poder.

Tener en cuenta que una cosa son las ilusiones y otra muy diferente las esperanzas. Las ilusiones corresponden siempre a las fantasías y sueños del individuo; en tanto las esperanzas responden a deseos conscientes, verdaderos, nacidos de lo más profundo de sí mismo, donde mora la Esencia.

Aquí el personaje se alejó de la realidad, ya no puede convivir más con el mundo, para él sólo existe su mundo interno. Puede convertirse en alguien paranoico, con delirio de persecución, obsesionado; volverse *medio loco.* Intenta no dormir, dado que sus pesadillas pueden ser terroríficas. Comienza a alucinar y puede terminar suicidándose. En caso de atacar contra su persona lo hará, no como el personaje 4 para inculpar a los que no lo tuvieron en cuenta, sino como una forma de alejarse definitivamente de todo, ya que se cumple su temor básico: *se siente incapaz y no puede dominar nada.*

De manifestarse la enfermedad en lo físico, es propenso a anemias, estrés mental o insomnio, dada su mala alimentación o sus malos hábitos de sueño, debido a la reducción de sus necesidades.

Cómo "desandar los pasos"

- Recuperar el cuerpo y para conectarse con él debe bailar, caminar, hacer todo tipo de ejercicios, es decir, encauzar la energía hacia la acción.
- Tomar la iniciativa de revelar los sentimientos, para establecer relaciones de intimidad. Conectarse con su dolor, su rechazo, su tristeza y su rabia.
- Aprender a pedir ayuda, expresar su miedo, su vulnerabilidad.
- Buscar amistades para poder abrirse, esforzándose por trabajar en equipo, sin limitarse a confiar en los propios recursos.
- Tener una practica de aquietar la mente, para salir de la rumiación mental en que está y encontrar la Paz.
- Obligarse a hacer actividades que deja de lado. Todo lo que evita debe hacerlo, ya que no lo hace por su temor a ser incapaz y, al realizarlo, va a darse cuenta de que no necesita saber todo para hacer las cosas.
- Descubrir la vida y los placeres que hay en ella.
- Compartir sus conocimientos, sin temor a empobrecerse.
- Permitir que lo afecten sus impresiones de los demás, y dejar entrar al mundo que lo rodea, ya que

no va a perder sino a ganar; eso le dará muchas percepciones nuevas.
- En resumen: *"Ser fiel a sí mismo"*.

Camino hacia la luz

Para recuperarse debe ir hacia el punto 8 del Eneagrama. Allí deja de sentir que nunca está preparado para ir al mundo. Recordemos que el 8 siempre avanza y muestra lo que hace, es uno de los números del cuerpo, de la vitalidad, de la acción, las vísceras y la mente en cero. Aquí aprende a recuperar seguridad en sí mismo, que nace de la energía instintiva del cuerpo y no de estructuras mentales. Se une a la realidad, se siente fuerte y capaz, participa más plenamente del mundo y aplica su conocimiento y habilidad a problemas prácticos e inmediatos.

Surge la virtud de la *Generosidad,* el desinterés, el desapego y se conecta con el mundo. Trasmuta su necesidad compulsiva de no involucrarse, de no sentirse conectado y de no ser obligado, en tener acceso a una gama de sentimientos, ser capaz de aceptar cualquier impresión que surja y comenzar a no ocultarse y refugiarse en el mundo del pensamiento, descubriendo que al acercarse a los demás logra dominar su miedo a la carencia.

Encuentra que su error proviene de identificarse con la observación de las experiencias y no vivirlas. Al clarificarlo, adquiere un excelente poder de decisión, halla la sabiduría anterior y aprende de la experiencia sin hacer comentarios mentales.

Al aquietar la mente entra en un vacío de pura potencialidad, en el silencio puro, y con ello se convierte en un innovador, un revelador, ya que adquiere percepción, visión y entendimiento.

Al desarrollar sus talentos: paciencia, objetividad, curiosidad, apertura de mente, innovación, y observar sus cualidades de pionero, profundo, original, buscador de la excepción a la regla, adelantado en el tiempo y con capacidad para ver el mundo de una forma totalmente diferente, muestra el modo de entrar en la contemplación y la observación de sí mismo, enseñando a los demás a que se observen sin juicios ni expectativas para apreciar la riqueza de la vida y recibiendo el Don de la Inteligencia.

El sabio sabe que ignora (Confucio).

Representación gráfica del Personaje 5

1- Temor Principal: Ser incapaz
2- Deseo Compensatorio: Ser capaz
3- Creación de una Imagen: Persona observadora, curiosa

Señal de Alarma: Desconexión de las experiencias

4- Identificación: El experto
5- Defecto Psicológico: Avaricia
6- Consecuencias de su Conducta: quiere estar solo

Nueva Oportunidad: Ir al punto 7 del Eneagrama

7- Táctica de Supervivencia: Cortar su relación con el mundo
8- Pérdida del Contacto con la Realidad: Trastorno esquizoide
9- Conducta Destructiva: hacia sí mismo

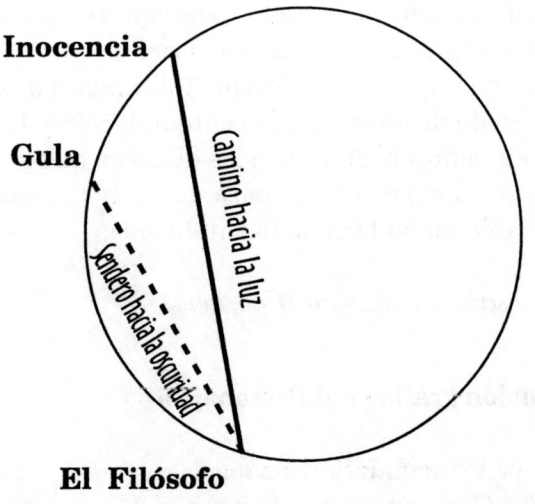

PERSONAJE N° 6: EL ORGANIZADO

Es el personaje comprometido, que da seguridad, entrañable y agradable a todos. Establece fuertes lazos sociales y emocionales con las personas.

Pertenece a la tríada de lo mental y sufre, como todos los de este grupo, de inseguridad, angustia y ansiedad. Es temeroso, obediente, lleno de dudas y el pensar sustituye en él al hacer.

Amante de guardar las distancias, pero sabiendo que puede contar con los demás.

Su sistema de valores se desarrolla en torno a la fiabilidad, la lealtad, la imaginación, la sensibilidad, la intuición.

Es el número más paradójico y ambivalente de todos; es la parte de la psiquis más compleja: cambia cada dos minutos. Aparenta ser sólido en sus relaciones, pero es muy variable.

Es noble a la causa, pero luego vacila, se siente perseguido y se rinde cuando lo acorralan. Este personaje confunde seguridad con confianza. Por desconfiar de su valor interior, se aferra a todo lo que le dé certidumbre, a todo lo que cubra sus necesidades materiales, no entregándose a su Ser interno.

Su tema, como la de toda esta tríada, es la anticipación al futuro. Actúa no viviendo en el presente; piensa que no lo puede hacer hasta que no cubra todos los obstáculos que se pueden presentar en la vida. Esto en realidad es imposible, dado que nunca se puede prever lo que sucederá y no es necesario prepararse de antemano para algo que quizás no ocurra nunca.

Tiene mucha imaginación, sobre todo para presagiar lo que lo puede amenazar. Previniendo siempre lo peor, ante el peligro, se divide en dos comportamientos extremos: huir o provocarlo.

Se apega —tríada del apego junto con el 3 y 9— a sus ideas, a sus creencias, a la duda permanente y le cuesta mucho salir de eso.

En cuanto a su relación con la autoridad, es ambivalente: por un lado se siente seguro y por otro, desconfía.

Su adicción es a la cafeína y anfetaminas para sentirse más vital, pero a su vez a los sedantes y el alcohol, para calmar la ansiedad.

Su compulsión es la cobardía; en realidad actúa sumisamente y no se desvía de las normas. Su manipulación es la duda constante de su interlocutor, dado que oscila entre dudar y confiar a medida que interactúa.

Su estrategia defensiva es ser leal y obediente. Con esto evita que asome su verdadero ser.

Cómo ve al mundo

Percibe que el mundo no es de fiar. Siente que hasta su

propia casa no es un lugar seguro y nunca lo será. Su conducta será, para contrarrestarlo, defenderse, evadirse y entrar en ansiedad. Es un especialista en idear escenarios catastróficos y es prisionero de sus propias trampas mentales.

Para compensarlo, elige vigilar su seguridad mediante "más vigilancia", centrando su atención en la búsqueda de un peligro eventual, amplificándolo a menudo.

En realidad, le gustaría confiar más, pero su inseguridad le hace siempre desconfiar de las personas y las cosas.

Mensajes de la esencia y personalidad

Como no se fía de su mente ni de su juicio, comienza a alejarse de su "yo" y escucha el mensaje de sus centros inferiores que dice: *"Estarás bien cuando cubras todas tus necesidades básicas (alimento, casa, automóvil, dinero para reservas, etc.) y las de las personas que dependen de ti"*. Resulta claro que, al tomar este mensaje como verdadero, va a comenzar a vivir en una constante preocupación, a tomar todos los recaudos para abastecer no sólo sus necesidades sino las de las personas que comparten con él su vida —hablo de su esposa e hijos o con quienes conviva—. Esto lo va a situar en una posición totalmente ansiosa y, como su miedo es no conseguirlo, aparece su imaginación, sobre todo para presentir lo que podría amenazar su seguridad.

Al buscar siempre garantía en todo y en todos, generará una duda mental permanentemente, y se preguntará a menudo: ¿Lo hago o no lo hago?, ¿voy o no voy?, nunca estará demasiado cerca ni demasiado lejos y tratará de anticiparse a cualquier eventualidad que le pueda pasar en la vida, dado que no confía en sí mismo. Ello hace que reaccione contra todo lo que se le diga, en lugar de expresar su propia opinión sin miedo, y que guste siempre de las situaciones claras y seguras. Se convierte en *el abogado del Diablo* y trata de averiguar si alguien es sincero o no.

Esta incertidumbre permanente hace que no pueda escuchar el mensaje de sus Centros Superiores que dice: *"Estarás bien si eres tú mismo y confías en ti; haz lo que quieras hacer y de ese modo te van a amar".*

Alguien que no confía en sí mismo, no puede confiar en nadie, y ocurre que este personaje va a salir a buscar una autoridad en quien confiar, aunque luego no se fíe de ella.

Error de percepción

En su mente va a aparecer la vacilación, la duda. Esta incertidumbre se produce, no porque esté confuso acerca de las tareas que debe realizar, sino porque cuestiona sus propias capacidades.

Vale la aclaración de que el personaje 1 también duda antes de realizar una tarea, pero este lo hace por buscar la perfección en sus acciones y por temor a cometer errores; en tanto en el caso del 6, la indecisión se produce por temor a no hacerse cargo de las responsabilidades que asumió, aunque nadie se lo exija, excepto él mismo. Por lo tanto, es al que más le cuesta seguir lo que su corazón quiere. No puede vivir su vida, vive la vida para los otros y se identifica con la ansiedad, rechazando el cambio, la incertidumbre y el vacío.

Este error hace que esté continuamente inquieto por imaginar las consecuencias de una decisión y se paralice ante la situación más simple; olvida que *cuando se entra en preocupación, se abandona la ocupación.*

Su tendencia es siempre pesimista, con lo que pierde la esperanza de un mañana mejor y se deja abatir por cualquier dificultad, atándose de pies y manos al entregarse al negativismo.

En realidad, todo pensamiento es algo creativo, es decir, tiende a convertirse en hechos reales, de ese modo los pensamientos habituales que el hombre tiene pueden construirle un futuro positivo o negativo; hacerle enfermar o estar sano; fracasar o triunfar.

Ese continuo barullo mental hace que postergue cada vez en mayor medida ocuparse de lo que tiene que hacer.

Temor principal

Su temor es: *a exponerse, a ser atacado por los demás, a ser abandonado.*

Esto origina que se dedique a encontrar seguridad y refugio en la autoridad externa y en aquellas instituciones que representan puntos firmes de referencia para su acción. Los sufíes definieron a la Iglesia Católica como una iglesia constituida por tipos 6. Especialmente en el período que precedió al Vaticano II, la Iglesia, a través de la fidelidad y la obediencia a sus verdades absolutas e indiscutibles, se presentó como un lugar ideal para las personas inseguras.

Como ocurre con los demás personajes de esta tríada, su cabeza no se detiene nunca, siempre está pensando, siendo este pensamiento un anticiparse a todo, para controlar un futuro incierto que lo aterroriza.

Deseo compensatorio

Genera, al sucumbir al temor, un deseo básico: *tener apoyo y seguridad externa.*

Este personaje comienza a buscar seguridad en un trabajo, en una religión, en un partido político, en una pareja, aunque luego sean abusivos con él, dado que lo tradicional y rutinario ofrece menos peligros.

Cuando el hombre no enfrenta un miedo, se desata en él una necesidad, lo que conlleva a una actitud de la personalidad en busca de un resultado. La Esencia, lo que Es realmente, comienza a dejarse de lado.

Imagen que se construye para salir al mundo

Para aparentar una solidez que no tiene, por temor a que abusen de él, va a crear una imagen mental con la que luego irá al mundo. Esa máscara es: *"Soy una persona respetable, confiable, sólida, fiable, responsable, leal, cuidadosa y comprometida".*

En su mundo interior está aterrado y muy inseguro, pero se pondrá el retrato del *que lo tiene todo claro,* para cubrir su gran miedo.

Un retrato es una cosa artificial que toma la personalidad como si fuera su propia persona, sin embargo, no es sino una imagen que se forma de sí mismo.

Con el fin de mantener una imagen, el individuo —cualquiera que sea el personaje que esté interpretando—, borra el mundo externo, cerrando los ojos a la realidad que le pueda recordar que no es tan extraordinario como piensa. Por tal motivo se encierra en sí mismo y no escucha lo que le dicen, convirtiéndose en un enfermo psíquicamente perdido en su mundo interno y desconectado de la realidad.

Señal de alarma

En este punto, su *Esencia* le anunciará que está equivocando el camino, que está comenzando a *tomar seguridad en algo* que está fuera de su Ser, buscando certeza emocional y no pudiendo actuar sin *permiso* del otro. Como está fijado en esta meta, sale a buscar apoyo para sentir seguridad e independencia, persiguiendo respuestas todo el día en libros, amigos, en estructuras que le aporten certeza, aunque luego las confronte. Si bien tiene deseos y sueños, teme que actuar según ellos socave su seguridad, interesándose más en establecer y mantener redes fiables que en trabajar por su objetivo y aspiración verdadera.

Todos sabemos que no podemos buscar fuera lo que no llevamos dentro, porque aunque lo consigamos no nos daremos cuenta de ello.

Identificación

Se identifica con ser *"El responsable"* de todo lo que ocurra a su alrededor y de aquellos que dependen de él. Dedica largas horas a trabajar para que su tarea, relaciones o creencias prosperen y estén apoyados en ellas. Invierte su tiempo y energía en los compromisos que ha contraído, con la ilusión de que su sacrificio lo compense con mayor seguridad y apoyo mutuo. Es inevitable que esto le plantee dudas de si está haciendo bien las cosas, y, paradójicamente, esta identificación le genera inseguridad. Genera mucha angustia y un gran pánico en la toma de decisiones, lo que hace que comience a retrasarlas y a postergar hasta último momento sus elecciones.

Se siente atrapado, abusado y además tiene un *comité interno* en su psiquis donde están su papá, su mamá, el líder religioso, el jefe, alguien a quien admira, etc., y, cuando tiene alguna duda, comienza a preguntarse cómo lo haría o resolvería cada uno de ellos. Cuando algo salga mal, utilizará como mecanismo de defensa el de "proyectar" la culpa a los otros.

Defecto psicológico

Su "virus" es el *MIEDO*, un sentimiento que surge cuando se prevé una amenaza y que puede deberse a causas externas o internas.

Este miedo se manifiesta en preocupación por los problemas futuros y en la duda de sí mismo. Los miedos que lo torturan tienen diversos nombres: miedo al cambio, a equivocarse, a lo desconocido, a la crítica, al engaño, a la traición...

Aferrarse tanto a sus ideas y creencias cierra la posibilidad de ver la realidad; se convierte en una persona sumamente conservadora, costumbrista y leal.

Por perder contacto con su naturaleza esencial, entra en temor y se identifica con valores y disposiciones falsas. Se cierra a acceder a su sabiduría; la alcanzará cuando se desprenda de esa autoridad externa que siempre busca y pueda discernir lo propio de lo ajeno.

Consecuencias de su conducta

Posterga sus decisiones, se convierte en un individuo totalmente dependiente. Al tratar de recuperar su seguridad personal a través de la observancia de reglas y normas, comienza a surgir una actitud de ambivalencia, cumpliendo órdenes de lo que tomó como autoridad y a la vez reaccionando contra esta a través de conductas pasivoagresivas indirectas. Sus señales son contradictorias y confusas, desea sentirse apoyado, pero se siente incómodo cuando alguien lo abruma con demasiada atención.

El aumento de tensión lo vuelve gruñón, negativo y obstrusivo, reaccionando con rebeldía ante la amenaza de su seguridad. Cauteloso e indeciso, pero defensivo y rebelde, se expresa con dureza y culpa a los otros, de los errores que comete, como una forma de acallar su temor e incertidumbre.

Percatarse de cómo la realidad le muestra determinadas cosas y no puede reprimirlas, proyectarlas, negarlas o racionalizarlas —todos estos son mecanismos de defensa— hace que termine por aceptarlas en forma pesimista y negativa, despreciándose a sí mismo y entregándose a la angustia y el sufrimiento, convirtiéndose en alguien frustrado, que vive lamentándose de todo.

Los demás lo abandonan. Sus agresiones, producto de su gran temor, llegan demasiado lejos. Esto conlleva a asumir una actitud defensiva para no depender de nadie, por un lado, y una postura de sumisión extrema por el otro, ya que no puede hacerse cargo de las responsabilidades que tomó a su cargo.

Nueva oportunidad

Su *Esencia* escondida aparece dando un giro a su vida para tratar de despertarlo.

Lo envía al punto 3 del Eneagrama en su estado de enfermedad. En ese punto, se preocupa más por su imagen, busca modificar su apariencia, sus gestos, la forma de hablar, para evitar el rechazo; en procura de adaptarse al ambiente en que se mueve, aparece la mentira, para ser más aceptable. Se vuelve alguien activo de forma forzada e irreal, disfrazando su inseguridad y esforzándose más por "encajar" para ganarse a los demás.

Se torna jactancioso, da énfasis a su superioridad y comienza a competir, con un implacable deseo de triunfar contra otros grupos o ideologías.

Reconocer este cambio de actitud, de pasar de un comportamiento dudoso a una persona acomodaticia al instante, lo puede llevar a la reflexión y a preguntarse qué pretende. Si lo hace, vuelve a subir de nivel o, de no entenderlo, caer en el:

Sendero hacia la oscuridad

Aquí aparece la depresión crónica; está paranoico e histérico cuando se siente en peligro, se vuelve masoquista y mantiene cada vez, en mayor medida, ataduras con los otros, pudiendo llegar a relaciones abusivas. Esto se debe a que este personaje, en realidad, es leal en sus vínculos, por temor a ser abandonado y no por tener desarrollada esta cualidad, lo que lo puede conducir a que los demás pueden abusar de él y, aunque lo note, no cortar la relación. Alterna entre dependencia y muestras de desafío, y comienzan a aparecer en él fuertes sentimientos de inferioridad y una desconfianza extrema hacia los otros.

En el cuerpo se evidencian enfermedades relativas a la nutrición, debido a dietas demasiado estrictas; o una mayor propensión al alcoholismo, para calmar la ansiedad, que en muchos otros tipos.

Cómo "desandar los pasos"

-   Ser audaz, no tener miedo a tener valor.

- Privilegiar la acción, hacer algún deporte o cualquier trabajo físico en el que suelte su represión, en lugar de obsesionarse con lucubraciones mentales.

- Disfrutar cuando logra sus objetivos, en lugar de lanzarse enseguida a la siguiente ronda de ansiedades.

- Provocar un cambio, aunque lo asuste mucho; es importante que modifique su rutina de vida.

- No pensar en el futuro y vivir el momento presente, independizándose, buscando ser individual, con paz y armonía, para no subordinarse al otro.

- Aprender a correr riesgos y a tomar decisiones para ganar confianza en sí mismo.

- Creer más en los valores de fondo que en las normas o instituciones.

- Consolidar la propia autoridad interior, adquiriendo confianza en sus decisiones.

- Aceptar sus responsabilidades con madurez. Si las trata de evitar alejará a los demás y le perderán el respeto.

- En resumen: *"Ser fiel a sí mismo"*.

Camino hacia la luz

La ruta a tomar es dirigirse al punto 9 del Eneagrama, en su estado sano. Allí resuelve su angustia respecto de sí mismo y de los demás, se vuelve más compasivo con ellos y se abre emocionalmente. Equilibra sus instintos y se conecta con el cuerpo, con las sensaciones en el aquí y ahora. Supera su dependencia, gana más amigos que cuando acudían a él en busca de protección y alcanza la seguridad que tanto busca al *soltarlo todo*. Es capaz de enfrentar tremendas dificultades, con ecuanimidad y equilibrio interior.

Cuando destierra el temor aparecen la intrepidez pura, el coraje y la audacia. Hace las cosas sin importar los obstáculos que aparezcan en su sendero, sin entrar en ningún momento en desánimo.

La personalidad es la que no quiere que el hombre tenga idea de los beneficios que significan el correr riesgos y el permitir cambios en su existencia.

Desarrolla la virtud del *Valor*, que es la fuerza que emana del interior del hombre para saber qué es lo que tiene que hacer y hacia dónde dirigirse. Comienza a promover la propia autonomía e independencia y a sintonizarse con sus propios valores, aunque contrasten con el parecer de los demás.

Deja de preocuparse por los acontecimientos y se ocupa en el momento que surjan las dificultades, abre su mente, logra seguridad en sí mismo, trasformándose en un valiente que puede apoyar al débil.

Cuando se sana, puede ser excelente miembro de un equipo, un soldado leal y un buen amigo, porque trabaja en una causa, de igual forma que otros trabajan en su beneficio personal.

Sólo en la intrepidez absoluta está contenida la claridad de la conciencia. Cuando existe el miedo, la conciencia se disipa, al vencerlo se purifica, dado que cuando se entra en temor, los demás controlan al hombre y todo ser humano controlado por otro se está suicidando. Adquiriendo su virtud, aumenta su pensamiento positivo y creador.

Al usar bien sus dones: resistencia, persistencia, cooperación, compromiso, lealtad, logra trascender su interés personal para trabajar por el bien común, enseña que el apoyo con el que se cuenta en la vida es la valentía y la confianza en uno mismo; ello hace que se responsabilice cada uno de su propia vida y enseña a los otros a hacerse cargo de la suya, alcanzando el Don de la Fe.

"Todo lo que sé de mañana, es que la Providencia se levantará antes que el sol" (Lacordaire).

Representación gráfica del Personaje 6

1- Temor Principal: No tener apoyo
2- Deseo Compensatorio: Apoyarse en una estructura
3- Creación de una Imagen: Persona respetable, cooperadora

   Señal de Alarma: Tomar seguridad en algo externo

4- Identificación: El responsable
5- Defecto Psicológico: Miedo
6- Consecuencias de su Conducta: lo dejan solo

   Nueva Oportunidad: Ir al punto 3 del Eneagrama

7- Táctica de Supervivencia: Desconfianza extrema
8- Pérdida del Contacto con la Realidad: Trastorno de paranoia.
9- Conducta Destructiva: hacia sí mismo

PERSONAJE Nº 7: EL IMPULSIVO

Es el personaje ocupado, productivo, extrovertido, optimista y espontáneo. Juguetón, alegre y práctico, logra lo que se propone.

Representa al eterno adolescente, dentro del Eneagrama. Confunde los proyectos con la realidad, es un soñador, un fantasioso. Le gusta jugar y es de palabra fácil, no se siente atado a ningún conflicto. Como todo niño, está siempre en movimiento y adora emprender nuevos proyectos.

Su vida siempre está de fiesta, como fórmula de escape para no encontrarse con esa inseguridad y esa angustia interior, que lo atormenta y trata de encubrir a toda costa.

Busca la diversidad, la aventura, los viajes, estar en constante broma y la acumulación de entretenimientos.

Su sistema de valores se desarrolla alrededor del aprovechamiento de la existencia, multiplicar los placeres, buscar la diversidad y concentrarse en el lado bueno de las cosas.

Por pertenecer a la tríada de lo mental, su mente pasa

con rapidez de una idea a la siguiente, pero, en su interior, considera que es incapaz de tomar buenas decisiones en su beneficio y el de los demás. Su tema gira, como en los personajes 5 y 6, en torno a la inseguridad, angustia y ansiedad. Para calmarla, busca el placer para huir del dolor, persigue el éxito por las cosas que este puede comprar.

No le divierte estar encerrado, tener una costumbre y seguir por mucho tiempo la mismaactividad. Sentirse aburrido es su gran temor.

Puede valerse de su encanto social para resultar agradable y ganarse la benevolencia, el apoyo y la admiración de los demás. Es narcisista, posee gustos exquisitos y le atraen las experiencias cumbre.

Es la máscara del payaso, que al principio resulta divertido, pero llega a agotar a la audiencia porque no termina nunca su actuación.

Pertenece a la tríada de la frustración —como el 1 y el 4— ya que se frustra cuando los demás no lo siguen, lo expresa con desagrado y exigencia, con el fin de conseguir lo que desea.

Sus adicciones son a estimulantes, fármacos psicotrópicos, narcóticos, alcohol y analgésicos.

Su compulsión es proyectar las cosas hacia fuera y evitar reflexionar mucho.

Su estrategia defensiva es vivir en un mundo irreal y superficial.

Cómo ve al mundo

Ve al mundo como un lugar en el que no hay límites y por lo tanto, él tampoco los tiene. Para ello, elude el sufrimiento, refugiándose en la imaginación y diversión.

Al estar apegado al disfrute constante, tiene una visión en conjunto sobre las cosas, pero una vez que las comprende se desinteresa del tema.

Su pensar pasa, por lo tanto, rápidamente de una cosa a la otra, puede leer varios libros a la vez, estudiar dos idiomas al mismo tiempo, o en un viaje a Europa de dos semanas recorrer, apresuradamente, todos los países, ciudades y lugares de interés posible. Se lo llama el "multioficio", porque hace muchas actividades con el mismo tiempo.

Se orienta a satisfacer sus propias necesidades, concediéndose la libertad de obrar de acuerdo al deseo del momento.

Mensajes de la esencia y personalidad

El entusiasmo anticipado por experiencias positivas futuras hace que deje de estar *presente* en lo que está haciendo. Esto sucede porque escucha un mensaje que no es propio: *"Estarás bien, si consigues todo lo que quieres"*.

Observe el lector que es el único personaje que tiene piedra libre para hacer lo que desea; los anteriores siempre debían cumplir una especie de orden o mandato. Lo que no toma en cuenta es que sus derechos terminan cuando empiezan los de los demás. Como esto no lo reconoce, va a buscar cumplir dicho mensaje, sin importarle nada del resto, convirtiéndose en el más egoísta de los individuos.

No escucha el mensaje de su *Esencia* que le dice: *"Te van a querer si eres tú mismo y haces lo que tienes que hacer, respetando a los otros"*.

Error de percepción

Su mente busca continuamente la excitación, la novedad y ver siempre el lado bueno de las cosas, sólo lo positivo, incluso en situaciones duras. Paradójicamente, su curiosidad por una variedad de temas y su capacidad de aprender rápido le generan problemas, dado que le resulta. difícil decidir qué trabajo o actividad hacer. Esto hace que no valore sus capacidades, como lo haría si tuviera que esforzarse por adquirirlas.

Percibe que no quedar atrapado por el dolor lo eximirá de sufrir, pero lo que en realidad está haciendo es escapar de él.

Se inclinará, por lo tanto, al exceso y a la inmoderación, e intentará manipular distrayendo a los demás, para que lo sigan y hagan lo que él quiere.

Esta conducta de huida es un mecanismo de defensa, el de negación de la realidad, por el cual el individuo rehúsa y no quiere aceptar algo que es verdadero. El reconocerlo, si bien le produce sufrimiento, es un dolor que necesita atravesar para sanarse.

Es de notar que todos los personajes se ven enfrentados al asunto de cómo "usar" el mundo en la forma más ventajosa para ellos, y es a partir de allí que surge una distorsión de su conducta que, en adelante, traerá sus consecuencias.

Temor principal

Su temor básico será: *a quedar atrapado en el dolor, a ser privado de algo y quedar hundido en un pozo de angustia.*

Por lo que es suficiente con que alguien le diga que algo

no lo puede hacer para que active su temor y recuerde que nadie tiene el derecho de privarlo de nada y lo realice, sea lo que fuere que pase. Adopta una conducta sumamente caprichosa, se centra en sus propias necesidades, nadie lo puede limitar. Recordemos que, al ser el niño del Eneagrama, su tendencia es a negarse a crecer.

Busca no depender de nadie, aunque su fórmula de aturdimiento sea estar entre gente para no encontrarse a solas con él mismo; insiste o exige en tener lo que necesita. Para él, todo lo deseable existe fuera de él, en el mundo de las cosas y las experiencias.

Deseo compensatorio

Allí se planteará un deseo: *ser feliz y sentirse satisfecho, para eso tratará de hacer siempre lo que le plazca.*

Eso lo lleva a no atarse a los compromisos, salir de la rutina, no seguir mucho tiempo en la misma actividad y huir de los obstáculos y las dificultades.

Es importante comprender que no hay nada malo en tener deseos, el problema surge cuando se trata de hacer realidad por caminos equivocados. El hombre cree que, al satisfacer su deseo básico, estará bien, esto es una programación de la personalidad que le dice qué es lo que el ego busca conseguir.

Imagen que se construye para salir al mundo

La máscara con la que se encubre es la de ser: *"alguien alegre, extravertido, entusiasta, aventurero, feliz, libre, espontáneo y muy simpático".*

Trata de mantener constantemente la alegría y el entusiasmo espontáneo. Busca siempre pasarla bien, no tener ningún límite, obtener todo lo que desea y reprimir la angustia. Para ello evade las obligaciones, no termina lo que empieza, hace planes pero no los ejecuta. Vende su proyecto, pero embauca a otros para que lo realicen. No *quiere perderse nada*, siempre está riendo e inventando travesuras para conseguir su propósito, busca con sus incansables juegos elevar la energía de los otros y termina convirtiéndose en un moscardón que no *para de revolotear*. Es difícil seguirlo en su danza incesante y desenfrenada, incluso en sus ideas.

Tampoco será alguien fiable, promete muchas cosas pero no quiere ligarse a nada; puede llegar a aparecer otra actividad que le resulte más placentera y, como su mensaje le da *luz verde para seguir adelante siempre*, es capaz de llegar a dejar plantado a cualquiera: los cambios de programa son habituales en él.

Señal de alarma

Su gran dispersión y su modo de pensar y comportarse inicia la espiral descendente. Surge, en esta instancia, su *Esencia*, que le advertirá que al entrar a creer *que siempre hay algo mejor en otro lado,* está huyendo del sufrimiento y tendiendo hacia el placer venidero, desconectándose de la orientación y del apoyo interior de su naturaleza esencial. La tentación es evitar sentirse satisfecho con lo que está haciendo o experimentando en el momento. Esto ocurre debido a su insatisfacción constante, de lo cual deduce que otra actividad o acontecimiento será la solución a sus problemas. Pensar se convierte en anticiparse, prever los acontecimientos, generar ideas que activen su mente y comenzar a experimentar una ansiedad constante. Al dejar de estar presente donde está, su accionar se basará en pensar lo que va a hacer en el futuro inmediato, y excitarse por ello mentalmente, lo que lo alejará de la realidad actual.

Cuando disminuye el goce, entra en angustia e inseguridad; para evitarlo comienza a excederse más en sus actividades. Lo que no comprende es que, al volverse adicto a estar en movimiento, cada vez le cuesta más salir de ese círculo vicioso.

Si escucha su *voz interior* vuelve al presente, detecta que su atención está en otra parte; de lo contrario, comienza a identificarse.

Identificación

Se identifica con ser *"El estimulador",* la persona que inyecta energía y entusiasmo a los otros en cada situación. Piensa que, al llegar a un lugar, todo tiene que girar en torno a él, porque aumenta la energía del ambiente. Esto le permite ser el centro de atención; su vitalidad levanta el ánimo de los demás y estos buscarán su compañía. Como siempre está imaginando la manera de disfrutar más, comienza a buscar en su psiquis otras opciones para no aburrirse, porque su excitación proviene de su pensamiento. Está en un determinado lugar e imagina que, por ejemplo, cuando salga de allí va a ir a jugar tenis y cuando llega a ese sitio ya dejó de sentir placer en ello, e imagina que a la noche irá a cenar a un lugar nuevo y a correr por la autopista. Cuando llega la noche y mientras está haciendo lo que se propuso, *como se aburre,* se pone a pensar en que a la mañana siguiente irá de compras y así sucesivamente.

Deja de tener presencia en donde está, su mente no se detiene, no vive el presente y continuamente trata de incentivarse con situaciones placenteras nuevas para acallarla. Cree que vive la vida con gran intensidad y lo que hace realmente es resistirse al dolor, por lo que su ansiedad no para nunca. Cuando entra en la tristeza piensa en otra cosa que lo estimule o cambia de actividad. Su *chicharra mental* no se detiene en la búsqueda de nuevas opciones, y se convierte en alguien egoísta puesto que no soporta la necesidad ajena. Su neurosis es pasarla bien cualquiera sea el costo; para él, la seriedad significa dejar de vivir la vida y comenzar a envejecer.

Defecto psicológico

Su "virus" es la *GULA*. Literalmente, esto significaría el deseo de atiborrarse de comida. Si bien al 7 le gusta comer y beber en exceso, esta pasión, en sentido metafórico, se entiende como el intento de llenar el vacío interior con cosas y experiencias. Jamás está satisfecho, no se llena nunca con su experiencia, nunca es suficiente, necesita siempre más y para ello desafía los límites. Su lema es: *más y más*.

Su sentimiento de frustración y vacío lo colma con satisfacciones externas; no puede entrar en el juicio profundo. Ve a los demás como juguetes que necesita para pasarla bien, por eso los usa, juega con ellos y los tira como un chiquillo cuando ya jugó a todo, entra a aburrirse y le da la "pataleta".

"Comerse" las experiencias sin integrarlas es su pasión. Cae en una dispersión total haciendo cualquier cosa y perdiendo el rumbo de su vida en forma alarmante.

Se convierte en alguien muy demandante, vacío y superficial, que evade el compromiso, no termina nunca lo que comienza, hace planes que luego no ejecuta y confunde los proyectos con la realidad, dada su naturaleza soñadora y fantasiosa.

Su interrogante es: "¿por qué los otros se toman la vida tan en serio?"

El defecto psicológico, cualquiera que sea el personaje, es lo que el hombre sostiene para no ser lo que Es, y se produce por falta de apreciación de sí mismo, por lo cual necesita la apreciación de los demás.

Consecuencias de su conducta

Necesita a alguien que lo siga en todo, y como en ello tiende a ser muy exigente, nadie lo puede hacer. Busca un compañero para cada actividad y tiene muchos conocidos pero ningún amigo, no llega a conectarse profundamente con nadie. Para él, las personas son objetos o simplemente instrumentos con los cuales se entretiene. Acaba abusando de los demás, se cree el genio de la fiesta. Al estar con alguien que le cuenta su dolor, le dice que se deje de historias, que "la vida se vive una sola vez" invitándole a divertirse y pasarla bien; si el otro no acepta seguirle el juego, excusa mediante, sale a buscar diversión en otra parte.

Los otros comienzan a cansarse, a sentirse usados, a no contar con él nada más que para satisfacer sus caprichos y empiezan a alejarse, su impaciencia los agota.

Nueva oportunidad

Su *Esencia* escondida vuelve a producirle un choque para intentar lograr sacarlo de esa ilusión en que está inmerso. Lo envía al punto 1 del Eneagrama, en su parte enferma. Por estar muy estresado, intenta moderarse y comienza a ser el crítico de los demás; se convierte en el que señala los errores. Todo lo que él hizo antes, lo enjuicia ahora en los otros. Si tiene hijos les dice a ellos que no trasnochen, que no beban o que estudien, por ejemplo, enojándose cuando no lo obedecen —entrando en el pecado de la Ira. Ellos no permitieron nunca que les indicaran lo que tiene o no que hacer, pero sí él lo hace con los otros. Al sentir la necesidad de moderar y fijar límites a su comportamiento, se vuelve más rígido.

Denomino a este peldaño "nueva oportunidad", porque, en este escalón, cualquiera de los personajes siempre se encuentra haciendo a los otros lo que teme que le hagan a él. Si está observando su acción, podrá darse cuenta de eso y revertir su conducta, lo que lo hace subir nuevamente; en caso de no verlo, desciende al:

Sendero hacia la oscuridad

Trata siempre de "proyectar" las cosas hacia fuera, se rebela cuando la autoridad turba su optimismo o ejerce algún control sobre su libertad e imaginación. Siente frustración, no sabe cómo descubrir por qué no es feliz y está insatisfecho. Piensa que ya jugó a todo, hizo lo que quería y no se satisfizo. Se vuelve totalmente disipado, impaciente, grosero, irrespetuoso, intolerante, abusivo. Nunca es suficiente lo que le dan, puede dañar a otros sin importar cuán falso o hiriente sea. Entra en adicciones que lo estimulen para seguir huyendo, puede caer en drogadicción para no ver su depresión ni encontrase con su gran angustia o en la ingesta de cualquier tipo de estimulantes. Se convierte en un maníaco-depresivo, cae en depresiones importantes paralizándose porque no se quiere conectar con su Ser y, luego, cambia rápidamente a tener una actitud de exaltación, volviendo a salir al mundo compulsivamente a seguir haciendo una serie de actividades diferentes para entretenerse.

En el cuerpo, la enfermedad se manifestará en desequilibrios en el aparato digestivo o alteraciones en el sueño.

Cómo "desandar los pasos"

- Aquietarse y encontrarse con sí mismo, experimentar el silencio y la reflexión, como ocasiones para acceder a lo profundo de las cosas y no quedarse en la superficie.
- Trabajar mucho su presente, no huir al futuro, ver la felicidad en lo cotidiano.
- Conectarse con su dolor y profundizarlo, integrar la experiencia que vive.
- Apreciar valores que no tiene en cuenta: el rigor, la perseverancia, la constancia.
- Observar su impulsividad en lugar de ceder a ella.
- Escuchar a los que sufren sin necesidad de pintar las cosas de color "rosa".
- Llevar adelante los compromisos adquiridos, sin buscar estímulos externos.
- Crecer, madurar, aceptar adaptarse a las circunstancias y a las personas.
- Descubrir que del dolor se aprende tanto como del placer.
- En resumen: *"Ser fiel a sí mismo".*

Camino hacia la luz

Se sana cuando se mueve al punto 5 del Eneagrama. Aprende a refrenar y calmar su actividad mental, a permanecer con sus observaciones el tiempo necesario para descubrir cosas sobre sí mismo y los demás, y a concentrar muchos talentos en metas que valen la pena, consiguiendo ser reconocido.

Silenciar la mente lo lleva al contacto con su *Esencia* y a distinguir qué experiencias le aportan algo valioso para mejorar su productividad y creatividad, además de estar más libre para saborear el momento. Aquí puede profundizar el dolor del que escapa y comprender el origen de su enfermedad. Ya no es el consumidor del mundo, entiende que la vida existe para objetivos distintos a su satisfacción personal.

La virtud que desarrolla es la MODERACIÓN, logrando poner orden en el uso de las cosas placenteras y agradables. *Comienza* a continuar un curso de acción, sin tener que valerse de entretenimientos y a darle significado a todo cuanto le sucede para alcanzar la comprensión profunda de su angustia. Descubre el placer de Ser, logrando la capacidad de cambiar lo que no le gusta y "a aprender a vivir" al comprender que lo que estaba haciendo era vivir *días sin huellas, y* no haciéndose cargo de su vida. Se da cuenta de que, al estar pensando lo que hará en el futuro, se desconecta del presente, mientras que permanecer en el aquí y ahora, lo lleva a la conciencia del dolor y a la sensación de privación de la que huye, viendo que esa es la única forma de sanarlo, entendiendo el sentido de la consecuencia. Vivencia su egoísmo y se conecta con su naturaleza esencial.

Al desplegar sus dones: alegría, entusiasmo, optimismo, positividad, espontaneidad, capacidad de síntesis, generador de ideas, habilidad para comunicarse con las personas y aportar nuevas ideas, muestra que la alegría, el estado final al que está destinado el ser humano, se produce espontáneamente al liberarse del parloteo de su mente, y, al revelarla, contagia a los demás pasión para vivir la vida plenamente y experimentar en cada instante la capacidad de asombro, adquiriendo el Don de la Templanza.

Cada momento trae consigo el néctar de la eternidad.

Representación gráfica del Personaje 7

1- Temor Principal: Ser desdichado
2- Deseo Compensatorio: Ser feliz
3- Creación de una Imagen: Persona alegre, entusiasta

Señal de Alarma: Sentir que pierde experiencias mejores

4- Identificación: El estimulador
5- Defecto Psicológico: Gula
6- Consecuencias de su Conducta: lo dejan solo

Nueva Oportunidad: Ir al punto 1 del Eneagrama

7- Táctica de Supervivencia: Frustración y huida
8- Pérdida del Contacto con la Realidad: Trastorno maníaco-depresivo
9- Conducta Destructiva: hacia sí mismo

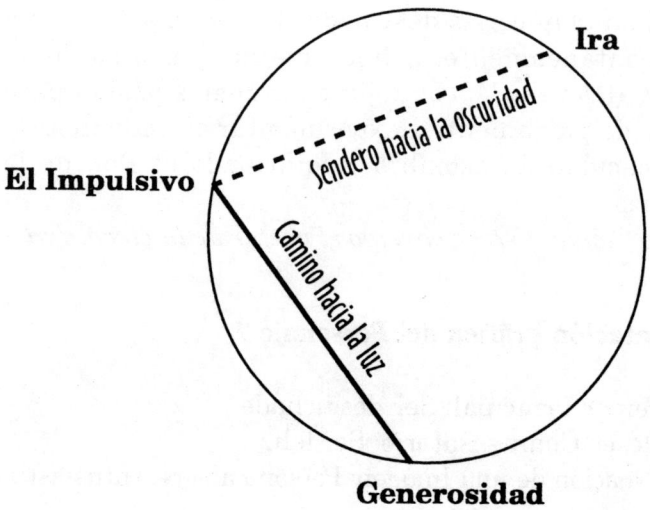

Capítulo VI

La muerte es lo más arduo desde afuera
y mientras permanezcamos por fuera.
· Pero cuando uno está adentro, conoce
tal plenitud, paz y realización,
que no quiere volver.

Carl Jung

UTILIDAD DEL ENEAGRAMA EN LA VIDA DIARIA

Cuando se necesita una transformación porque las cosas no van bien o simplemente porque interesa explorar otro camino de la vida, el Eneagrama, a través del conocimiento de la personalidad permite organizar una guía, un mapa de la mente humana en el que la dirección a tomar queda más clara.

Lo importante es que no sólo marca un camino, también se puede saber cómo transitarlo mejor y cuál será el resultado final al tocar la meta.

Tener claro cómo es uno mismo y el entorno es un capital muy grande. No sólo permite una cuota de felicidad y tranquilidad sino que además ayuda a conocer los talentos con que se cuenta y de acuerdo con ello programar nuevas alternativas en el diario vivir, conociendo los puntos débiles, las conductas que perjudican a cada uno y, con su descubrimiento, poder cambiarlas, divisar cuál es el material humano del que se está rodeado —*es de notar que si uno no se conoce a sí mismo no conoce a nadie, aunque crea hacerlo*— y de acuerdo con ello aprovechar mejor las oportunidades que se presentan a diario.

La humanidad está avanzando a un ritmo vertiginoso en el que si no se entra en su *ola* se corre el riesgo de quedar sumergido en ella. Cada momento presenta un desafío a superar, cada persona nueva que aparece en la vida de cada uno está para trasmitir un mensaje, que solo puede ser escuchado si se dejan de lado estructuras mentales viejas y en desuso y se mira con ojos nuevos la realidad. Tener claro hacia dónde debe dirigirse la mirada y hacia donde no, sirve para no perder el timón del barco y arribar al lugar deseado.

Casi todos los personajes aparecen en la psiquis de cada uno en un mismo día, tentando, a quien lo deje a actuar, para dejar de estar presente en el aquí y ahora para la resolución de cualquier conflicto que aparezca; al reconocerlo y *no darle audiencia,* se recupera el poder personal, ya que ese virus se aprovecha de la energía mental para vaciar la voluntad del individuo; y, conservando ese poder, adquirir la fuerza para no repetir situaciones de vida como viene haciéndolo la humanidad desde tiempos muy lejanos.

Partiendo de nuestro conocimiento se logra intentar el conocimiento del otro, puede ser del hombre o la mujer que se ama, del jefe o empleado con quien se trabaja, de los compañeros de viaje con quienes toca a cada uno transitar el camino y *bien usarlo* en beneficio de todos los que forman ese rompezabezas que es la vida. El Eneagrama es dinámico, constructivo, como en un viejo juego de encastres nos deja poner y sacar cada cosa de un lugar e interactuar mejor.

De lo que se trata es de participar en el juego de la vida sin por ello tomarla tan en serio, como para no quedar fuera del mismo ante una jugada automática hecha por uno mismo como consecuencia de tener reglas de juego propias que no coinciden con el juego mismo.

ALAS DE CADA PERSONAJE

Como se expresó en el capítulo I, si bien hay un personaje que tiene *más letra* en nuestra psiquis, hay otro que lo acompaña y hace que el protagonista afiance más o afloje su postura frente al mundo. A este acompañante se lo denomina en el Eneagrama, ala.

Dado que los actores que habitan nuestra mente están dispuestos alrededor de un círculo, sea cual fuere el protagonista principal de la obra, tendrá otro a cada lado y uno de estos dos será el ala; se hace la aclaración que es casi imposible que se tengan dos alas, dado que estas son muy antagónicas, pero puede suceder que ello ocurra.

Por ejemplo, si el personaje principal de un individuo es el 8, tendrá ala 7 ó 9, y ella modificará algunas de sus conductas o la sacará a relucir en alguna faceta de su vida —familia, trabajo, grupo de estudio, etc.— como modo de enmascararse ante los otros.

El personaje principal es el que domina al *Ser* y al que hay que *re-conocer* (volver a conocer) para ser verdadero a sí mismo; mientras que el ala es la máscara con que alguien se disfraza para que no lo conozca el otro.

El accionar, para descubrirse, es sincerarse ante sí mismo y ante los demás, por lo cual se describirá en forma breve cada número según sus alas, las consecuencias de caer en niveles descendentes y la tarea a realizar para el ascenso según el ala que predomine.

Personaje 8 con ala 7

Utiliza el carisma del 8 y la sociabilidad del 7 para sus logros. En los niveles descendentes, la agresividad está potenciada dado que ve a los otros como posesiones y juguetes para sus fines. La tarea es ser *tolerante* frente a la debilidad y vulnerabilidad ajena, ya que es el más beligerante del Eneagrama.

Personaje 8 con ala 9

Aquí se conjuga la protección del 8 con la pasividad del 9, en pos de ejercer el liderazgo. En niveles descendentes su temperamento es ambivalente; se muestra amistoso estudiando a las personas para conseguir sus objetivos, siendo calladamente amenazador. La tarea es *vigilar el despertar de su temor a la supervivencia* para no estallar violentamente arrepintiéndose mas tarde.

Personaje 9 con ala 8

Aparece en su psiquis el afán de relacionarse con el otro del 9 con la necesidad de satisfacer sus exigencias en beneficio personal del 8, lo que lo torna contradictorio. En nivel descendente manifiesta confusamente su rabia, por momentos reprimiéndola y en otros momentos volcándola hacia fuera. La tarea es *templar sus impulsos* para no pasar de la brusquedad a la calma en forma tan abrupta, alejando de ese modo a quienes anhela a su lado.

Personaje 9 con ala 1

Combina la escucha sin juicio y sin involucrarse del 9 o con el deseo de un orden externo para ordenar el mundo interno del 1; esto aumenta su represión. En nivel descendente, se convierte en alguien enérgico pero no comprometido nunca totalmente. La tarea es *abrir el corazón* para unirse a las personas desde el logro de su paz interior.

Personaje 1 con ala 9

Usa la postura filosófica del 1 con los rasgos introvertidos del 9 para comunicarse en forma rígida y sarcástica. En nivel descendente, se aísla de las personas, encontrando en la naturaleza su refugio. La tarea es *aprovechar su sabiduría,* realizando las reformas necesarias para unirse con su entorno, al que necesita.

Personaje 1 con ala 2

Se combina la extraversión del 1 con el apasionamiento del 2 en el intento de convencimiento a los demás. En nivel descendente, se convierte en alguien muy influyente para los otros, pudiendo manipularlos en lugar de ayudarlos, o entrando en sensación de frustración por la acción de las personas o los resultados de los acontecimientos. La tarea es *desarrollar la bondad* para guiar a sus semejantes, sin tener en cuenta el beneficio propio.

Personaje 2 con ala 1

Se destaca la moralidad del 1 con la empatía del 2 en el deseo, por parte de ambos, de aliviar el sufrimiento humano. En nivel descendente, aparece un sentido demasiado exigente y crítico sobre sí mismo, lo que lo hace descuidar sus necesidades personales. La tarea es *conectarse con la energía del amor* para amarse a sí mismo y desde allí, poder hacerlo con los demás.

Personaje 2 con ala 3

Tienen en común la idea de que su valor depende de la opinión ajena, el 2 de cuanto lo amen y el 3 de cuanto lo admiren. En nivel descendente, al buscar atraer la atención de los otros, se convierte en alguien seductor y falso. La tarea consiste en *reforzar su autonomía* para que ni los elogios ni las críticas lo alteren emocionalmente.

Personaje 3 con ala 2

Aquí aparece la amabilidad del 2 combinada con la necesidad de reconocimiento del 3 como modo de insertarse en el entorno. En nivel descendente, desplegará sus encantos, compitiendo en forma encubierta con todos. La tarea consiste en *dejar de representar un papel,* para establecer relaciones más sinceras e íntimas.

Personaje 3 con ala 4

Se mezcla la ambición del 3 con la inseguridad del 4 en su

forma de vincularse. En nivel descendente, aparece la arrogancia acompañada del menosprecio a sí mismo, lo que lo muestra desconcertante en grado máximo. La tarea consiste en *equilibrar su autoestima,* ya que es totalmente inestable.

Personaje 4 con ala 3

Combina la codicia del 3 con la intuición del 4, con el fin de alcanzar los objetivos deseados. En nivel descendente, será aquel que manifieste en mayor forma la grandiosidad y el narcisismo, aunque se valga de estimulantes para poder hacerlo. La tarea es *expresar esa creatividad* para ellos mismos y no para demostrar nada a nadie.

Personaje 4 con ala 5

Aquí se observa la persona bohemia, aislada y ensimismada en su mundo de fantasía, totalmente desconectada de la realidad, ya que ambos números son introvertidos. En nivel descendente, se aparta de la realidad a fin de habitar sólo en un mundo de imaginación. La tarea es *sacar al mundo su obra,* para vivir con los pies sobre la tierra .

Personaje 5 con ala 4

Aquí se combina la fantasía del 4 con el espíritu pionero del 5 para mostrarse como alguien único y diferente. En nivel descendente, se convierte en alguien nada práctico en la consecución de sus intereses, quedando absorto en un mundo irreal. La tarea consiste en *compartir con los otros* las innovaciones a las que llega al cabo de sus introspecciones.

Personaje 5 con ala 6

Se combina la observación del 5 con el detallismo del 6 para sacar conclusiones sobre las cosas. En nivel descendente, se vuelve todo intelectualidad y teoría y nada de experiencia y practicidad. La tarea consiste en *soltar la mente* y utilizar en el día a día sus conclusiones.

Personaje 6 con ala 5

Une el análisis del 6 con los conocimientos del 5 para elaborar teorías y reglamentar leyes. En nivel descendente, puede ser agresivo o reactivo y tiende a denunciar o creerse víctima de amenazas contra su seguridad. La tarea es *confiar en sus propios recursos* y utilizar su capacidad de concentración al servicio de la comunidad.

Personaje 6 con ala 7

Combinan la seriedad del 6 con la necesidad de compañía del 7 para establecer contactos con los otros. En nivel descendente, su ansiedad de ser aceptado pero su desconfianza hacia los demás puede ser causa de depresión. La tarea consiste en *trascender sus miedos* para crear lazos de amistad.

Personaje 7 con ala 6

Muestra su ambivalencia en sus relaciones porque, por un lado, le gusta el juego, en caso del 7; y por otro es demasiado serio, en caso del 6. En nivel descendente, no le gusta estar solo pero exige demasiado a los que lo acompañan, entrando en situaciones de mucha inseguridad. La tarea es *recuperar la fe* en la bondad de la vida y la alegría de la existencia.

Personaje 7 con ala 8

Combina aquí la rapidez en sus ejecuciones del 7 con la ambición de poder del 8 para enfrentar el mundo. En nivel descendente, la necesidad de acumular posesiones y experiencias lo lleva a dejar de lado a los que no le sirven. La tarea es *ver qué puede disfrutar del mundo* y de quienes lo rodean, sin herirlos ni usarlos.

CÓMO DESCUBRIR EL PERSONAJE PRINCIPAL

Tomar conciencia de que en la psiquis del hombre hay nueve personajes que tienen el mando de su vida. Ellos constituyen su personalidad, lo adquirido por hábitos, modas, tradiciones y sugestiones y lo alejan de su *Esencia*, de lo real lo mantienen *dormido*. Al darse cuenta de ello, puede revertirlo y para lograrlo debe disciplinarse, vencer la inercia y elevarse sobre su ego. Uno de esos *Yos* es el que aparece con más frecuencia, el actor principal de la obra, por lo que es necesario, si decide *despertar*, comenzar la tarea reconociéndolo.

Una manera de hacerlo es ver cómo se repiten actitudes y situaciones en el curso de la existencia, aunque cambien el entorno y lo que lo rodea. Ello lo conducirá a detectar su defecto de apreciación de la realidad que hace que se desequilibre, tomando en consideración que ante cualquier suceso, la primera *reacción* no es de la *Esencia* sino de ese virus invasor.

Por lo tanto, es imprescindible seguir cuatro pasos:

1- Tener la atención consciente en sí mismo, con ello se logra la observación y cada vez que se hace esto, se puede ver cómo se actúa de acuerdo con temores, deseos o impulsos. Mantener una vigilancia en cada momento del día, observando cómo se reacciona o responde frente a las distintas circunstancias que se presentan, para *descubrir en el acto* cuándo un personaje aflora en la psiquis y se actúa por él en forma mecánica y automática. Aquí descubre su *Personaje Principal,* que es el eje central en el cual gira toda la personalidad, por eso el trabajo se limita a la observación de ese defecto que es diferente para cada uno, dado lo cual, no puede haber reglas o técnicas sino que cada uno debe encontrar su propia maestría. Por ejemplo, si un hombre habla demasiado debe aprender a callar; si otro se queda callado cuando debiera hablar, debe aprender a hablar.

2- Practicar una detención interior, lo que significa reflexionar antes de actuar.

3- Disciplinar los actos, es decir, seguir la tendencia de lo que por justeza se debe hacer. Eso se conseguirá instalando un código de honor interno que hará sentir vergüenza toda vez que se es deshonesto o temeroso.

4- Tener perseverancia en el objetivo, ser impecable, por lo que no se renunciará a templar las acciones, no importa lo que ocurra en su sendero ni cuantas veces fracase.

Para intentar lograrlo, Gurdjieff hacía referencia en sus enseñanzas a un antiquísimo libro de aforismos donde se dice lo siguiente:

"Un hombre puede nacer, pero a fin de nacer tiene primero que morir, y a fin de morir tiene, primero, que despertar"

Veremos cómo el Eneagrama, símbolo que representa la Ley de tres y la Ley de siete (ley de creación y manifestación de todo proceso), es un instrumento válido para sanar la enfermedad en el hombre.

APLICACIÓN DE LA LEY DE TRES: DESPERTAR, MORIR Y RENACER

La mayoría de las personas están dormidas aunque no lo saben, ya que *reaccionan* a los sucesos que se les presentan, sin darse cuenta de que lo que se debe hacer es *responder* a ellos.

Vemos al hombre pelearse por obtener cosas realmente innecesarias, como si estuviera drogado por una nutrida oferta, como si la sed de posesión lo embriagara y esclavo de sus pasiones se lanza al mundo en busca de resultados.

Al estar aferrado al resultado de sus acciones, cuando las cosas no se dan como las había calculado, se siente fracasado, derrotado, y esto no lo hace pensar en quién es y dónde está sino que lo adormece más. Y vuelve a sumergirse en la vida, esperando que sus deseos sean al fin cumplidos, y a contemplar todos los fracasos como si fueran excepcionales. Algo similar ocurre cuando triunfa, porque la máxima trampa no es el fracaso sino el triunfo. Cuando se está atrapado en la red del triunfo, el hombre se cristaliza, detiene su avance, cesa de empeñarse porque piensa: *Se acabó, lo logré.* Siempre que se tengan logros o triunfos, se está en el punto más peligroso de la vida, por eso la vida trae fracasos para que se dé cuenta de que el triunfo no es el fin. En realidad, el triunfo y el fracaso son los dos pies con los que se camina, pero no hay que tener la atención en los pies —en lo inferior—, sino en la cabeza —lo superior—, usando los triunfos y fracasos para ir hacia el encuentro con su parte esencial.

Todo esto sucede porque en realidad, el hombre *no piensa sino que es pensado por los personajes que habitan su psiquis.*

Cuando comienza a pensar que tiene imágenes de sí mismo y que ellas detienen su desarrollo en un sentido tan real como una mole de cemento que no deja crecer nada bajo ella, surge la idea de despertar.

Las imágenes que tiene de sí mismo se originan en su imaginación y lo dominan todo el día; ello se debe, por sobre todas las cosas, a su *Vanidad.*

De un lado está la realidad de lo que es y del otro, lo que imagina que es; al percibir estas contradicciones *puede comenzar a ver.*

Ver que la meta no está al final del camino sino incluida en cada paso, que es preciso disfrutar de todo el itinerario, permaneciendo imperturbable al cambio de las circunstancias, de las actitudes, de los sentimientos.

Gurdjieff ilustra la posición del hombre en el Universo con la parábola del Caballo, el Carruaje y el Cochero.

"El hombre es el cochero que debería estar en la cabina y controlar el caballo y el carruaje, pero está bebiendo en una "taberna" y gasta todo su dinero allí. El cochero no está en la cabina porque se emborrachó y a causa de ello el caba-

llo recibe escaso o ningún alimento y tanto él como su carruaje están en mal estado. Lo primero que se necesita es que el cochero despierte de su sueño y piense en su situación.

Al despertar, reconoce que vive permanentemente en una desesperada búsqueda de todo aquello que estimula sus sentidos: riqueza, poder, fama, placer, comodidades, aprobación ajena y se "despierta", sale de la taberna y ve las condiciones de su caballo —que pasa hambre— y el coche —que se halla en un estado pésimo—. Además se dará cuenta de que los arneses del caballo están mal colocados y que faltan las riendas que unen el caballo a la caja del coche, es decir, no hay nada que permita la comunicación entre el conductor y el caballo".

En esta parábola, el coche representa el centro del instinto, el caballo el centro emocional y el cochero representa el centro mental. El faltar las riendas significa que no hay conexión apropiada entre el centro emocional y el mental —entre pensamientos y emociones— lo que hace que piense comportarse de una manera, no perder los estribos, pero cuando surge una situación real, sus pensamientos no puedan controlar a sus sentimientos (aunque el hombre crea que su pensar pueda manejar a sus emociones, pero en realidad es su imaginación la que las controla), las emociones son más fuertes que los pensamientos porque en general, se vive en un torbellino emocional.

De ahí que siempre que exista una emoción negativa sea necesario reemplazarla por una positiva, dado que con ello se rompen las cristalizaciones de viejas imaginaciones —porque lo que el hombre llama emociones surgen de la mente, el *sentir* es del Ser interior—. El desequilibrio se debe a que el centro emocional y el mental tienen diferentes lenguajes. El emocional utiliza el lenguaje de las imágenes visuales, no conoce ni de palabras ni de teorías, y el mental sí.

En la parábola, esto estaría representado como que el caballo no conoce las decisiones del cochero y si el cochero no sabe cómo aproximarse a él, está en la cabina sin riendas para controlarlo.

Para establecer una conexión entre el centro mental y el centro emocional (entre el cochero y el caballo) es preciso estar alerta y observarse a sí mismo.

¿Por qué Gurdjieff enseñaba por medio de parábolas? Porque estas son imágenes visuales y el centro emocional entiende el lenguaje visual, mientras que el mental comprende las palabras y una parábola logra poner a ambos en relación. *Recordemos que en las Sagradas Escrituras, por medio de las parábolas se enseñan grandes verdades.*

Las imágenes visuales son un idioma universal. Es el lenguaje de los símbolos, lo que significa que para controlar las emociones desde la mente es preciso visualizar y no pensar solamente. Al visualizar algo realmente, podemos observar nuestra conducta y modificarla.

Al despertar se busca aprender un lenguaje común con el fin de comprenderse mejor los unos a los otros, y en ese momento se logra nacer de nuevo, pero para *nacer,* primero hay que morir.

Nacer significa alimentar el crecimiento de la *Esencia,* es el comienzo de la formación de la individualidad, de la aparición de una *Persona* en lugar de nueve personajes.

Para lograrlo, el hombre debe hacer morir a sus personajes o, lo que es lo mismo, liberarse de la identificación que tiene con ellos y de sus apegos.

El hombre está apegado a todo en su vida, a sus imágenes, a las cosas, a sus sufrimientos, todo aquello a lo cual se apega hace que pierda energía. Conseguirá quitarles poder a esos personajes, que viven en su mundo interior, tomando conciencia de ellos y dándose cuenta de su mecanicidad y su impotencia. Esto lo logrará a través de sus hechos y no de sus palabras, porque al comenzar a observarse y conocerse a sí mismo, primero, se asustará de su accionar en la vida, lo que le producirá mucha vergüenza, y luego comprenderá que eso es lo adquirido, no es suyo, aunque consideraba que lo era. Se está hablando de sus puntos de vista, sus hábitos, sus defectos, vicios y convicciones. En ese instante se dará cuenta de que *no es nada ni nadie*, se verá como es realmente y eso le dará el valor de morir y renunciar a ellos. En ese momento tratará de cambiar sus actitudes, comportamientos mecánicos, sus ideas, su manera de pensar y para cambiar emprenderá *el camino*.

Cuando un hombre descubre que no es nada ni nadie se convierte en *todo*.

El "viaje del héroe", del que hablaba Carl Jung, es en realidad morir y volver a nacer, ya que todos somos héroes al nacer.

APLICACIÓN DE LA LEY DE SIETE: LOS SIETE PUNTOS DE TRANSFORMACIÓN

Cuando el individuo comienza a buscar algo nuevo es porque siente que algo ha perdido, que no se ha reparado en algo, que algo le falta y eso le produce una constante insatisfacción.

Quien busca en sí mismo encuentra las respuestas adecuadas y marcha por la ruta que le pertenece.

Para ello deben seguirse siete pasos:

Separarse de sí mismo

La propuesta es hacer dentro de uno una separación, donde una parte será la observante y la otra la observada. El observante es la parte esencial y el observado es el ego-personalidad. Verse a uno mismo como si fuera otra persona, implica lograr mirarse objetivamente, sin entrar en autojustificación. Con este proceder se logra romper la identificación. La identificación es el gran enemigo porque penetra en todas partes y cuando cree que está luchando contra ella, sigue siendo víctima de su engaño. No es fácil liberarse de ella porque el hombre se identifica con las cosas que más le interesan, a las que da su tiempo, su trabajo, su atención y se funde con los fenómenos internos que está percibiendo. Para liberarse debe estar constantemente en guardia y ser conmiserativo y a la vez despiadado con él mismo. Lo que hay que descubrir es que sus raíces están dentro de él y acrecientan su personalidad cuando baja su nivel de vigilia, y en ese instante pierde su *Esencia*.

Como se expresó anteriormente, la identificación proviene de considerarse uno de los personajes y no una multiplicidad, y el despertar comienza cuando se descubre la existencia de esos personajes en la psiquis y con esa parte observante ve toda la escena.

La desidentificación es la parte *más dura de la batalla,* ya que es salir de la importancia personal, del sueño, de la imagen, de la idolatría, de identificarse con lo que uno cree ser, pero cuando se logra se adquiere la fuerza o poder.

Al mirar con el lado observante todo en uno mismo, como si lo que le sucede le estuviera pasando a otra persona, se verían esos defectos que hacen que las conductas sean automatizadas.

Significa que vea las cosas como si no tuviera nada que ver con ellas, ya que no es ni su cuerpo ni sus emociones ni sus pensamientos.

Se puede ver a sí mismo desde arriba, andando por la tierra, porque se siente elevado por encima de ella y comenzar una toma de conciencia de la situación, viendo centenares de conexiones que nunca se habían visto antes. Ver que todas las mañanas se presentan los mismos pensamientos, la misma manera de tomar las cosas, los mismos sentimientos, las mismas preocupaciones, esta es la máquina de su personalidad. Está en una cárcel y lo que debe desear es escapar de ella. Ser mecánico significa *reaccionar* a los sucesos de la vida en forma automática. Nadie ni nada puede herirlo ni tocarlo, si puede hallar suficiente fuerza para no reaccionar a estos aconteceres sino responder a ellos, es decir que la solución está en uno mismo. Al acrecentar la *Esencia*, manteniendo una línea de acción constante y una tranquilidad y unidad interna, *que no cambie pase lo que pase*, se resistirá la acción caótica del medio ambiente.

Al percibir emocionalmente las reacciones automáticas y mecánicas, se ve la vida de una manera nueva y esto es un *choque* para la personalidad, ya que es lo contrario a como se tomaba la vida antes. Al recibir las experiencias de la misma manera, se cristaliza, por lo tanto, al pensar de modo diferente, sus ideas lo elevan a un nivel diferente, choca contra la vieja manera de ver las cosas y eso lo *trasformará*. Esto es algo no repentino sino gradual, como la uva se transforma lentamente en vino, ya que el despertar de la conciencia es progresivo.

Observarse a sí mismo

Al lograr convertirse en dos, la persona puede comenzar a

observarse desde su *Esencia*. Con ello pasa a ser un observador pasivo, sin emitir juicios de valor sobre las acciones y sin interferir en ellas, logrando la comprensión. El error consiste en creer que hay que arreglar las cosas, entonces, la vida trascurre arreglando lo que ni si quiera se comprende; es decir, lo que hay que combatir, en realidad, es el sistema de creencias, ya que sólo al comprender algo se lo puede modificar.

Hay que tomar en cuenta que cuando no se comprende algo se lo juzga —es decir, se lo aprueba o no— y en ese instante se detiene la comprensión.

Esto ocurre porque el pasado está interfiriendo constantemente e ingresa en el acto de percepción; en ese momento, surge la comparación y luego el juicio, la condena. Por lo tanto, la observación debe ser liberada del pasado, en caso contrario, este abruma al Ser y no permite la expresión del presente. Aunque no se repare en el poder que ejerce, el pasado está allí y al observarse a sí mismo deja de moverse, se queda quieto.

Mirando hacia fuera se ven muchos problemas, pero al ver hacia adentro se ven sus causas.

Para llegar a la comprensión se debe tener una mente disciplinada y cuando la *Esencia* se moviliza dentro del Ser hay algo que lo mueve en la dirección correcta. Allí crea su propia disciplina y despierta la *conciencia escondida* que hace darse cuenta de que se vive una vida mecánica, con pensamientos, emociones, acciones y reacciones automáticas y ajenas a uno mismo.

La *autoobservación* se hace en una fracción de segundo y afecta emocionalmente al hombre, siendo un proceso de autorrevelación, ya que lo enfrenta con sus debilidades, defectos y conflictos internos.

Aquí se debe ser honesto, no cerrar los ojos ante nada, no temer a las consecuencias, no importando el sitio al que lo puede llevar.

Al observarse va a comenzar a utilizar el sobrante de energías, que no necesita para su subsistencia, para el desarrollo de sus facultades superiores; para ello es importante que no exprese los sentimientos negativos ni que permita ser tentado por actos de igual naturaleza.

El hombre quiere hacer, pero está limitado por la cantidad de energía producida por su organismo. Cada función, cada estado, cada acción, cada pensamiento, cada emoción requiere de energía.

Cada Ser tiene la suficiente energía para comenzar el trabajo, pero debe aprender a economizarla con miras a un trabajo útil y no desperdiciarla en emociones inútiles y desagradables, posibles o imposibles, en malos humores, prisas inútiles, irritabilidad, nerviosismo o imaginación.

La energía se desperdicia por el trabajo unilateral de los centros: mental, emocional o instintivo; por la tensión inútil de los músculos que no hacen la fuerza adecuada, por hablar demasiado, por el interés de dedicarse a las cosas que suceden a su alrededor o a las personas con las cuales no tiene nada que hacer y que no merecen ni su mirada.

Cuando comienza a luchar con esos hábitos, se ahorra un montón de energía.

La observación de sí lleva al hombre a la necesidad de cambiar. Sólo debe observar sus procesos en forma natural, desde la distancia, esto sería retirar sus *proyecciones,* hacer un esfuerzo consciente permanente y tener un sufrimiento intencionado que surge al oponerse a sus propios patrones de conducta automáticos.

Se habla de sufrimiento consciente y no del pasivo que todo individuo tiene, que es provocado por la ansiedad que le trasmite su entorno, lo cual impide una visión objetiva de la realidad y sus acciones.

El observarse a sí mismo lo ayuda a detener las reacciones automáticas. Al hacerlo, se dará cuenta de que no posee voluntad ni disciplina.

Al observarse van a aparecer todas las tensiones internas haciendo una resistencia, pero al no olvidar que es el camino que se ha elegido, utilizando la disciplina de la que se habló anteriormente, no se apartará de él.

Hasta aquí, en la parábola del cochero, del caballo y el carruaje, los sentimientos (el caballo) se encuentran desbocados y al observarlos, relacionarse con ellos y tratar de reconocerlos, captarlos y comprenderlos, viendo su dependencia de los impulsos, deseos y cambios de ánimo que surgen, aparece la idea de que esto no representa la totalidad de sus emociones y comienza a influirlos de acuerdo con su *voluntad,* con el propósito de no permanecer esclavo toda la vida de esos impulsos, mirando sin identificarse, ya que cuando se identifica con algo, olvida las grandes metas que se propuso al principio. Al identificarse con un pensamiento se olvida de todo lo demás; al identificarse con una emoción, con un estado de ánimo, olvida los sentimientos más profundos. Expresado de otro modo, dos o tres árboles son más importantes que el bosque.

Recordarse a sí mismo

Esto significa ser consciente de sí mismo, recuperar su propia identidad. Al olvidar su personaje y tener la certeza de la existencia de la *Esencia,* se comienza a tener contacto con ella, ya que aparece la comprensión. Comprender significa poner a trabajar en conjunto los centros mental, emocional e instintivo. El mental comenzará a pensar de otra forma, el emocional valorará o sentirá la trasformación del defecto en virtud, y el instintivo ejercerá las acciones en consecuencia.

El trabajo consiste en redescubrirse, ya que ha olvidado su *Esencia*, y lo que toma por sí mismo es su personalidad, sus personajes, lo que lo hace alejarse de lo que realmente Es. Sólo descartando lentamente capa tras capa, abrigo tras abrigo, defecto tras defecto aquello que no se es, se llegará a sentir la vibración de la *Esencia*. No se puede practicar el *regreso a casa* a no ser que se comprenda que a cada momento del día, el hombre se olvida de sí mismo y se identifica con lo que le sucede, estando a merced de cada suceso, de cada cambiante pensamiento y sentimiento, y se llena de *agujeros* por donde se escurren sus fuerzas, no teniendo nada que lo proteja de las influencias externas y sea manejado como máquina por ellas.

La principal tarea consiste en hacer que la personalidad se torne pasiva y no hay posibilidad de emprenderla, a no ser que se descubra a qué se asemeja su personalidad y qué lo hace actuar así y cómo lo induce a comportarse bajo diferentes circunstancias, dándose cuenta de que es una *apariencia*.

Aceptarse a sí mismo

La observación da al hombre una plena conciencia de sí. Con el aprendizaje hecho sobre él llega a aceptarse porque ve y siente todos los lados de él mismo y al hacerlo observa sus contradicciones, su lado oscuro que oculta y que trata de ser algo que no es, lo que le produce una tensión psicológica interior.

Ese lado oscuro es el que no admite en su conciencia porque sólo ve la mitad de las cosas, no ve su sombra; admite una parte suya y lo que debe hacer es ver los dos lados al mismo tiempo. Al vivir de espaldas su lado oscuro, por no ser aceptado por su conciencia, se *pierde la cabeza*.

Nadie puede sentir su propia *nada*, a menos que acepte la otra mitad del círculo, entonces ya no habrá ilusiones sobre sí y, de un modo extraño, se sentirá en paz y fortalecido y verá sobre qué precisa trabajar, qué debe ser transformado y esto atrae a su *Esencia*.

La aceptación es una actitud interna por la que se aceptan las cosas y las situaciones tal como son y no sólo como se quiere que sean. Al querer que sean de una determinada manera, se está expresando una idea. Esa idea, ese pensamiento, pertenece al mundo ideal, por lo tanto, al no aceptar las cosas como son, se está queriendo imponer un mundo irreal al mundo real. El inconsciente del hombre está hecho o constituido por todas las cosas, situaciones, hechos, sentimientos que no ha aceptado en su momento y siguen ahí adentro petrificados y cristalizados. Ellos ejercen presión hasta que se salden por medio de la aceptación. Esa carga se elimina cuando se reviven aquellos hechos o situaciones no aceptadas y se las reconoce y acepta conscientemente y comprensivamente. La realidad hay que aceptarla desde el fondo, desde el centro de sí mismo y no desde la mente contaminada e implicada en todo cuanto llega a ella. Cuando se vive desde la *Esencia* todo se unifica y armoniza, la mente, en cambio, todo lo separa y disgrega. Más que las situaciones, lo que más cuesta aceptar son los errores, los modos defectuosos de ser y comportarse, y esta es la aceptación más importante, con la particularidad de que no se corrigen luchando contra ellos sino reconociéndolos conscientemente. Cuando se acepta que no se funciona bien, se produce en el hombre un desánimo porque con ello se está destruyendo y desmontando el personaje ideal que se había creado sobre sí, se está aniquilando el ideal que quería ser.

Al llevarlos a la conciencia —darle luz— a esos personajes, surge que el individuo se convierta en otro y no se reconozca más, y vea todos los lados de su mundo interno, lo que produce un cambio en el Ser, ya que al unirse forman una unidad.

Esa unidad da origen al crecimiento de la *conciencia escondida o Esencia,* porque se siente todo al mismo momento y aparece la comprensión.

Al destruir las contradicciones internas y comenzar a entender las cosas, aparece la fuerza para trasformarlas.

Cada instante en el cual trata el hombre de comprenderse y amarse a sí mismo, comienza a su vez a comprender y amar a sus semejantes.

Cuando el hombre se acepta, no sigue buscando aprobación de los demás, y comienza a elevar su umbral de discernimiento.

Dominarse a sí mismo

Al conocer y aceptar sus defectos comienza una lucha para domesticar todos sus personajes. Esta contienda es con su mente; el objetivo es aquietarla y que no gobierne su vida. Todo individuo puede funcionar desde su *Esencia* o desde su personalidad. Si lo hace desde la primera, restará esa energía a la parte que alimenta la lujuria, la pereza, la ira, el orgullo, la mentira, la envidia, la avaricia, el miedo, la gula. Todo pensamiento noble o innoble, todo sentimiento virtuoso o no, perturba o da una sacudida a todo el cuerpo; pero cuando la acción mental deja de existir, se da un ritmo perfecto. Hay armonía en el proceso de circulación de la sangre, en el proceso digestivo, en el sistema glandular, nervioso, etc. Es maravilloso comprobar cómo funciona el cuerpo cuando hay armonía y cesa la actividad mental. En el silencio de la mente se produce un equilibrio entre lo neurológico y lo psicológico y una nueva dimensión de la conciencia cobra vida. El hombre, cuando está en su personaje, no es capaz de percibir la totalidad de un hecho, porque la mente recibe la impresión directa por los ojos y por lo tanto, surgen automáticamente los gustos y disgustos, las preferencias y los prejuicios. Antes de que la inteligencia pueda percibir la totalidad de un hecho, la personalidad ya ha hecho el análisis, ha comparado lo visto con otra cosa, ha llegado a una decisión y la ha aceptado o rechazado: ya se ha elegido algo. Así, el ego o personalidad saca su espada a relucir y en realidad no observó ni la cuarta parte del evento, pero ya hizo su conclusión antes de comprobar la totalidad de la realidad y allí devora esa energía; si esto no lo hiciera ella quedaría en reserva.

La mente está ávida, anhela reaccionar, de modo que antes de que se tome nota de la totalidad del hecho, ya reaccionó. Esto inhibe la percepción; disminuyendo la visión, somos llevados hacia el impulso de reacción de la personalidad y en ese momento *somos pensados*. La espontaneidad de la respuesta sólo es posible en el silencio interior, cuando se acallan los personajes que habitan el mundo interno del hombre. La serena expectación es la actitud del corazón y de la mente de estar atentos a los hechos que vendrán, captando la síntesis y equilibrándolos.

Al funcionar por miedo, repercute en el centro emocional y hace alejarse al hombre de lo genuino, de su *Esencia*, que es la que le muestra su tarea en la vida. Cuando el hombre domina las emociones, se convierte en amo de su vida porque comienza a reflexionar sobre ella. (*El término reflexión viene de reflejo y significa la capacidad de verse fuera de lo emocional*). Al vencer los propios límites se va adquiriendo la capacidad de ser el propio soberano, para ello debe transitar el camino en el que cada parte es una hermosa oportunidad de aprender, es el camino del guerrero en el cual la batalla más dura se libra solo y en la medida en que va adueñándose de la voluntad, comienza a sentir la presencia de un inmenso poder que lo inunda todo volviendo al estado original.

Recordamos que crecer es no identificarse, no justificarse, no condenar sino avanzar y el más destacado rasgo de la sabiduría es la capacidad para vencerse a sí mismo, así como la consecuencia de la ignorancia es ser vencido por sí mismo.

Encontrarse a sí mismo

El encuentro se produce cuando el individuo conoce profundamente su mundo interno tanto como conoce el externo. Al dominar la personalidad y salir de la identificación con el exterior, se construye algo que rodea al individuo de modo que nada pueda influenciarlo y de esa forma, no perderá energía con cada acontecer. Su caminar se dirige a su mundo interior y toma contacto con lo que ya está allí, pero que por la hipnosis de la vida externa no se sabía: la *semilla interior.*

Al poder internarse en él y detectar la aparición de su defecto psicológico, reconocerá que su pasión es la que le impide lograr la verdadera felicidad y armonía. Reconocer que todo ocurre por satisfacer una necesidad de la personalidad, que quita su paz con la mente al crear deseos, se llega a una vivencia cristalina del contexto de todas las cosas, se ve que todo es uno. La meta es captar todo lo que existe con una sola mirada panorámica para alcanzar la serenidad de espíritu. Esto fue lo que el holandés Baruch Spinoza (1632-1677) llamó ver todo "sub specie aeternitatis" o sea, ver todo "bajo el ángulo de la eternidad".

Conocerse a sí mismo

Para conocerse a sí mismo se tiene que detectar lo que es ajeno a uno y practicar *caridad* con sí mismo, extraer de él lo que no es propio. La pregunta más importante, base de todo acto maduro es ¿Quién soy yo? Porque sin conocerse no se puede conocer a nada ni a nadie. Lo curioso es que no hay respuesta para ello, porque lo que hay que averiguar es lo que no se es para llegar a ser lo que ya se Es.

El jesuita indio Anthony de Mello expresa que: *"...Hay que quitar las vendas para ver. Si no ves, no se pueden descubrir los impedimentos que no te están dejando ver...". "...Los esfuerzos que hagas por cambiar son peores, pues luchas contra unas ideas, y lo que hay que hacer es comprenderlas, para que ellas se caigan por sí solas una vez que comprendas su falta de realidad...".*

Cuando uno se conoce, se activa la potencialidad que se Es en el centro del hombre y se logra hacer realidad actual lo que es realidad potencial, ya que todo cuanto se hace, se siente o se piensa es efecto de esa realidad que se Es.

Aprender a ver y discernir lo real de lo ilusorio es el conocimiento de sí y es la tarea más importante en la vida de cada uno.

Al bucear en su interior, el hombre destruye la ley que le impusieron, el esquema del bien y del mal, que es lo contrario de la toma de conciencia, ya que la sensibilización no necesita esquemas, encuentra las respuestas adecuadas y marcha por la ruta que le pertenece.

Cuando se llega a esta etapa final, se logra la extinción de la máscara del Ser, la personalidad se convierte en un instrumento y no en el amo del mismo, se pone en contacto con su Esencia, está en condiciones de percibir la armonía de lo real. Observa que el Universo tiene sentido y que él es, también, una parte armónica de esa unidad.

Hay un proverbio chino que dice: *"Cuando el ojo no está bloqueado, el resultado es el ojo, cuando la mente no está bloqueada, el resultado es la sabiduría, y cuando el espíritu no está bloqueado, el resultado es el amor".*

CÓMO REALIZAR EL CAMINO QUE PROPONE

- El primer paso es encontrar el personaje principal de la obra que aparece en la mente, para lo cual resulta beneficioso, en primer término, detectarlo según la tríada a la que pertenece. Esto dependerá de lo que resulta más importante para cada uno lograr en la vida diaria y mostrará el centro que se utiliza para la toma de decisiones, a saber:

1- Para la tríada del Instinto, lo más importante es tener autonomía, no depender de nadie, por lo que sus decisiones se tomarán desde cuál es la acción a ejercer para conseguirlo (personajes 8-9 ó 1).

2- Para la tríada de lo Emocional, lo más importante es encontrar la identidad propia, para lo cual las decisiones se tomarán desde el corazón a fin de evaluar cuán importante se es para los demás (personajes 2-3 ó 4).

3- Para la tríada de lo Mental, lo más importante es tener seguridad, para lo cual las decisiones se tomarán desde la cabeza a fin de anticiparse a lo que pueda suceder (personajes 5-6 ó 7).

Una vez hallada la tríada a la que corresponde, leer atentamente cada número de ella para lograr, según la conducta que se adopta para enfrentar al mundo, determinar a qué personaje corresponde.

- Al descubrir de quién se trata se observará cómo aflora en cada decisión de la vida cotidiana, y toda vez que se esté actuando por él es necesario ejercer alguno de los pasos detallados en el capítulo correspondiente a ese número en el subtítulo de "cómo desandar los pasos". Esto significa que es preciso ejercer una acción, que lo volverá al presente y detendrá los hábitos de la personalidad. El personaje siempre se marcha completamente cuando se ve en el instante en que aparece y, de ese modo, se ascenderá al primer escalón del número correspondiente, cambiando el defecto por la virtud correspondiente, para poder continuar el camino. *Lo importante en este punto es que se debe permanecer activo si quiere superar la identificación, lo cual acarrea algunas veces cambiar de entorno o amigos, comenzar algo nuevo o hacer un gran esfuerzo.*

- Con el diagrama en mano, ubicar de ese personaje cuál es el número del camino hacia la luz, ese será el modo de resolver la situación que aparece, desde esa conducta se ejercitará la acción, que no será mecánica, como en el caso anterior, sino a través de un esfuerzo dado que no es el modo de comportamiento habitual, lo que redundará en ejercer una acción diferente, obteniendo resultados diferentes. En esa instancia puede aparecer el temor básico del nuevo personaje, lo que se resolverá continuando el camino de él hacia la luz.

- De lograrlo, se continúa avanzando hacia el nuevo número de salida de este nuevo personaje; de lo contrario, abandonar el nuevo personaje que aparece en la psiquis según el proceso descrito anteriormente y de esa forma, seguir avanzando.

Por ejemplo:

En caso de un 8 soltar el control, conectarse con el miedo, con el dolor y ejercer acciones sobre la base del amor incondicional.

En caso de un 9 empezar a vivir la propia vida a través de la autenticidad de sus necesidades.

En caso de un 1 aceptar las imperfecciones y resolver las dificultades desde el humor.

En caso de un 2 ir a autonutrirse a sí mismo.

En caso de un 3 concetarse con sus emociones y, en base a la fe, expresarlas.

En caso de un 4 cesar disciplina en su vida y salir al mundo.

En caso de un 5 parar de leer, de estudiar y trasmitir los conocimientos a los demás.

En caso de un 6 independizarse, ser individual con paz y armonía para no depender del otro.

En caso de un 7 dejar de hacer cosas para huir de la realidad, aquietándose desde un trabajo interior profundo e integrando las experiencias vividas.

Al detectar el personaje principal y comenzar su camino, cada individuo logra superar el temor básico —lo que no generará un deseo para compensarlo— adquiriendo la virtud correspondiente y moviéndose en dirección hacia la luz. Ello lo situaría en el siguiente punto del Eneagrama, apareciendo un nuevo temor —el de ese número— que si es trascendido adquirirá la virtud del mismo y así sucesivamente seguirá avanzando hasta volver a su punto de partida.

Al pasar por los tres puntos, en caso de los personajes 3, 6 ó 9; o los siete puntos en caso de los restantes, 1-7-5-8-2-4-1, se alcanzaría el retorno a casa —el lugar de donde salió— con las virtudes correspondientes.

Es necesario
1- Hacer una detención de los pensamientos para percibir:
  - Qué se está pensando
  - Qué se está sintiendo y
  - Qué sensaciones afloran en el cuerpo.

2- Mantener la atención consciente

Por medio de una observación constante se deja pasar lo que está sucediendo, sea agradable o no, no se queda atrapado en dicha situación y, con ello, se suelta, no se trata de cambiar, no se critica nada. La personalidad es la que incita a "arreglar y controlar" las cosas; la Esencia invita a descubrir y aceptar quien se Es, permitiendo presenciar con objetividad la experiencia, permitiendo con ello acrecentar la conciencia. Carlos Castaneda enuncia la atención consciente como "la segunda atención". En su libro el Segundo anillo de poder *dice que: cuando detenemos el diálogo interno también paramos el mundo. Hay una parte de nosotros cerrada bajo llave porque le tememos; para la razón es algo así como un pariente loco al que mantenemos en un calabozo... esa es la segunda atención, cuando logramos concentrarla en algo, el mundo se detiene....*

3- Tomar cada experiencia como única y no en forma mecánica

Cuando esto se hace, aparece la oportunidad de aprender la lección de la misma y actuar con justeza, modificando por lo tanto, la estructura básica al trascender la propia lógica y convertirse en alguien desprogramado.

El trabajo consiste en eliminar, desgrabar la idea que se tiene sobre sí mismo, para quedarse con la verdad, lo que se Es. Allí los temores desaparecen porque provienen de posibles amenazas, pero a la realidad interna nadie puede dañarla.

De producirse el cambio, no en la forma, sino en la profundidad, se llega a la alquimia, considerada una transformación de elementos materiales —plomo en oro—. En el hombre se trata de un cambio en el dominio de las fuerzas mentales, que implica siempre una serie de modificaciones biológicas.

El Kybalión *lo expresa de este modo: "Las presentes enseñanzas son realmente los principios fundamentales de la Alquimia Hermética, la cual, de manera contraria a lo que*

se cree comúnmente, se basa en el dominio de las fuerzas
elementales antes que en el de los elementos materiales; en
la trasmutación de un tipo de vibraciones mentales en otros
antes que en la trasmutación de un tipo de metal en otro".

CÓMO IDENTIFICAR EL PERSONAJE PREDOMINANTE EN OTRAS PERSONAS

Si descubrir el personaje principal de cada uno es una tarea difícil dado que es necesario armarse de sinceridad y valor para reconocer que hay aspectos de nuestra personalidad que son negativos, mucho más ardua será la tarea de ver quién es el otro, y esto sólo se logra dejando de lado el sistema de creencias que todo ser cree poseer.

Así como todo hombre tiene una imagen de sí mismo, construye otra imagen para vendérsela a los demás. Por lo tanto, el otro mostrará lo que quiera que se vea de él —su falsa personalidad o ala— y no lo que verdaderamente lo enmascara, ya que ni él mismo lo sabe con exactitud.

El modo, no fácil, de destapar al que está enfrente de nosotros, es hacer detonar su temor principal para que reaccione con su personaje principal mostrándonos su defecto psicológico. ¿Cómo descubrir ese temor? Esto se logra mediante la observación de sus actitudes frente a la vida para compensar lo sufrido. Para que quede claro: si una persona sufre un abandono, tratará de ser buen compañero, alguien fiable y cálido con el que se pueda contar. Esta será una estrategia defensiva que está oculta y casi nadie hace consciente. Aquí se descubrirá su pulsión oculta —fuerzas que se contraponen— y muestra la pericia que la persona desarrolló para sentirse segura y evolucionar, aunque se debe tener en cuenta que esa manera de compensar el sufrimiento antiguo no es la forma de transitar por la vida adulta, ya que es un mecanismo de defensa, desarrollado para sobrevivir sin angustia, que se convierte en un escollo, dado que lo disfraza con un ropaje que no es el suyo.

Se detalla a continuación la estrategia defensiva de cada personaje para examinar a quien se necesita identificar:

El Guerrero, como sufrió el haber sido profunda e injustamente herido, decide lastimar a los otros antes de ser lastimado, hacer sufrir antes que sufrir él.

El Conformista, como sufrió al ser ignorado, al no sentirse escuchado o amado lo suficiente y anteponer las necesidades ajenas a las propias, decide dejarse de lado y escuchar a los demás, olvidando sus propios deseos.

El Soberano, como tuvo que aprender a portarse bien, ser responsable y hacer lo correcto, ajustándose siempre a las normas, decide reglamentar el mundo y todo lo que lo conforma.

El Benefactor, como obtuvo amor y seguridad complaciendo las necesidades de los demás, decide negar sus propios deseos y necesidades.

El Carismático, como recibió premios por sus logros y era amado por ello, decide reprimir sus emociones, adquiriendo los rasgos que le garanticen el amor.

El Artífice, como sufrió un sentimiento de carencia y pérdida, decide dejar de amarse a sí mismo buscando compasión en los demás.

El Filósofo, como se sintió invadido, decide guardar su privacidad y su espacio.

El Organizado, como sufrió la falta de un apoyo sólido emocional, decide convertirse en sumiso y a la vez rebelde frente a la autoridad.

El Impulsivo, como sufrió crecer y dejar la infancia, decide seguir comportándose como un niño.

¿Cómo ayudarlos? Mostrándole en nuestra actitud la virtud de ese personaje para que pueda revertirla en el suyo.

CONCLUSIÓN

El hombre enferma por la negación de sí mismo. Esto lo conduce a una constante huida y a una incapacidad de asumir su propio camino. Al no poder afrontar la realidad se alteran o anulan los circuitos cerebrales, dando origen a los "defectos psicológicos", que son defectos energéticos reales que producen determinados desvíos. Esto sucede porque sus propios pensamientos e ideas fijas lo "hipnotizan", comenzando a imaginar cosas y asumiendo la fantasía el lugar de la realidad, y se manifiestan exteriormente en desórdenes emocionales a los que se denominan "Pecados Capitales".

Pero comprender que está dormido no es suficiente para tomar la decisión de despertar. Para ello se necesita una motivación, esta puede aparecer al darse cuenta de que en realidad "nada puede hacer", sino que son esos mensajes de sus centros inferiores los que "hacen por él", que carece de dominio sobre sí, y que el motor que activa sus acciones surge de la lucha entre sus conflictos internos y las presiones externas, perdiendo "su identidad" e imitando a otras personas a las cuales admira.

Al verse ejecutando cosas que en realidad no le atraen, comienza a enfrentar su mundo ilusorio, su inercia, su comodidad, su ignorancia y todo aquello que lo mantiene "identificado".

Al revisar desde dónde se hacen las cosas, si desde el miedo —centro mental—, el interés —centro emocional— o el impulso biológico —centro instintivo— se accede a otra realidad, pasando del mundo "virtual" al mundo "real" ya que, como decía Sócrates, *"nadie hace el mal a sabiendas"* sino que se obra mal por ignorancia, aunque el hombre se considere capaz de saber. La unión entre la teoría y la práctica conduce a la coherencia entre el pensamiento y la acción. En la búsqueda de conocerse a sí mismo, comienza a interrogarse, a dudar, y, al hacerlo, aparece lo *Real*, porque el espíritu conservativo busca la respuesta y se satisface y el espíritu formativo está en busca de la pregunta y al formularla, esa respuesta aparece, conociendo la *Verdad* y accediendo a la energía del *Amor.*

Como se habrá podido notar al detallar la forma de "desandar los pasos", el último punto, que es común a todos los actores de esta obra, es *"Ser fiel a sí mismo",* ya que ello hace que todas las decisiones a tomar sean justas, impecables y conduzcan a la dignidad del Ser. Veamos lo que significa la palabra "impecable". Significa "sin pecado". "Impecable" proviene del latín *pecatus*, que quiere decir pecado. El *im* significa "sin", de modo que "impecable" quiere decir "sin pecado". Un pecado es algo que hace el hombre y que va contra de él. Todo lo que sienta, crea o diga que vaya contra él, es un pecado. Va a ir contra él cuando se juzga y se culpa por sus actos. Ser impecable es no ir contra sí mismo. Cuando es impecable, asume la responsabilidad de sus actos, pero sin juzgarse ni culparse. Cuando esto no ocurre, se densifica la química de sus células, al ejercer acciones contrarias a sí, y el aprendizaje a seguir es más duro.

En ese momento se despierta el Ser Esencial que todo

hombre lleva consigo, logrando la unidad de la psiquis e incorporando las nueve virtudes encontradas: *Inocencia, Perseverancia, Tolerancia, Humildad, Autenticidad, Ecuanimidad, Generosidad, Valor y Moderación* y trasformándose en *Persona*.

¿Por qué el Eneagrama es una herramienta válida para lograrlo? Porque todo símbolo representa una síntesis de conocimiento. Cuando se mira un símbolo, se activa el conocimiento ancestral que duerme en el inconsciente del hombre.

El símbolo del Eneagrama representado a través de un dibujo tiene un poder vibratorio inherente a todo lo que representa, lo que irradiará positividad y una inexplicable sensación de reminiscencia álmica y mostrará el amor multiplicado.

Es de esperar que, al conectarse con él en la lectura de este texto, se pueda experimentar lo mismo, para que se acceda a ese Ser interior que mora en todos los hombres y unifique a toda la humanidad como un canto infinito de Fe y Esperanza que anhela conformar el Alma Universal a través de las armonías individuales y de la total desactivación del mal, tornado a *BIEN*.

Permitir que lo "sagrado" que habita en cada uno se despliegue es cultivar la compasión como vía de transformación.

Pero cabe aclarar que no es lo mismo *saber el camino que transitarlo* y eso es lo que se trata de trasmitir en este libro, de moverse en una determinada dirección y ejercitarlo en el día a día, y que las actitudes en la cotidianeidad sirvan para ejemplificarlo a los otros.

Decía el apóstol Santiago: *"Si el hombre buscándose intensamente a sí mismo, llega un momento que se mira a un espejo y se da cuenta que es él y se va de espalda, de nada le sirve"*. Lo mismo ocurre con el conocimiento, si uno descubre que está la *Verdad* fuera de sí, pero no la hace dentro de sí, en vano habrá llegado al conocimiento.

Si siente que necesita cambiar su vida, debe haber un momento en que decida embarcarse en ello, porque incluso el viaje más largo comienza con la decisión de partir.

Vale la pena intentarlo, *adelante.*

DONES A ALCANZAR

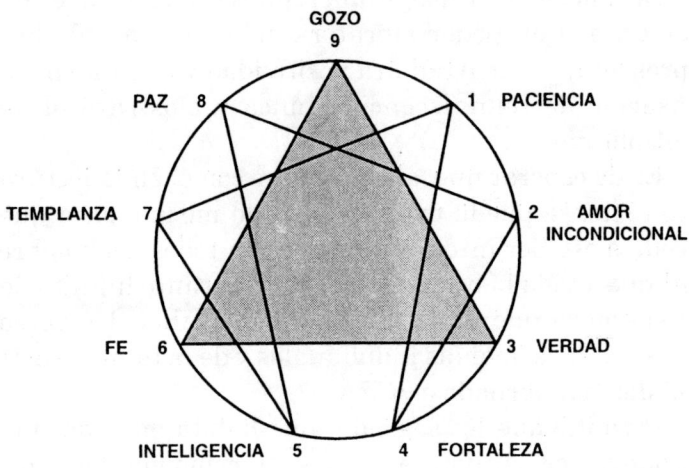

BIBLIOGRAFÍA

De Mello, Anthony. *Despierta. Charlas sobre espiritualidad.*

Friedlader, Joel. *Tipos humanos. Cómo descubrir nuestra esencia a través del Eneagrama*, Sirio, Málaga, 1999.

Ganem, Eliane. *Eneagrama y Flores de Bach*, Obelisco, Barcelona, 1994.

Nicoll, Dr. Maurice. *Comentarios psicológicos sobre las enseñanzas de Gurdjieff y Ouspensky*, Volumen 1-5 - Kier S.A., Buenos Aires, 1998.

Ouspensky, P. D. *El Cuarto Camino*, Kier S.A., Buenos Aires, 1987.

Palmer, Helen. *El Eneagrama*, Los Libros de la Liebre de Marzo, Barcelona, 1999.

Peters, Fritz. *Recordando a Gurdjieff*, Sirio, Málaga, 1994.

Riso, Don Richard. *Comprendiendo el Eneagrama*, Cuatro Vientos, Chile, 1996.

Riso, Don Richard. *Tipos de parsonalidad*, Cuatro Vientos, Chile, 1998.

Riso, Don Richard. *Descubre tu perfil de personalidad en el Eneagrama*, Desclée De Brouwer, Bilbao, 2000.

Vallés, Carlos G. *Ligero de equipaje*, Sal Terrae, Santander, 1987.

Vollmar, Klasbernd. *El secreto del Eneagrama,* Edaf, Madrid, 1998.

Ejemplar de distribución gratuita. Revista "La vida como escuela", años 1999-2000.

Índice

Cómo ve al mundo. Mensajes de la esencia y personalidad.
Error de percepción. Temor principal. Deseo compensatorio.
Imagen que se construye para salir al mundo. Señal de
alarma. Identificación. Defecto psicológico. Consecuencias
de su conducta. Nueva oportunidad. Sendero hacia la
oscuridad. Cómo "desandar los pasos". Camino hacia la luz.
Representación gráfica del Personaje.

Capítulo IV

Cómo ve al mundo. Mensajes de la esencia y personalidad.
Error de percepción. Temor principal. Deseo compensatorio.
Imagen que se construye para salir al mundo. Señal de
alarma. Identificación. Defecto psicológico. Consecuencias
de su conducta. Nueva oportunidad. Sendero hacia la
oscuridad. Cómo "desandar los pasos". Camino hacia la luz.
Representación gráfica del Personaje.

Capítulo V

Cómo ve al mundo. Mensajes de la esencia y personalidad.
Error de percepción. Temor principal. Deseo compensatorio.
Imagen que se construye para salir al mundo. Señal de
alarma. Identificación. Defecto psicológico. Consecuencias
de su conducta. Nueva oportunidad. Sendero hacia la
oscuridad. Cómo "desandar los pasos". Camino hacia la luz.
Representación gráfica del Personaje.

Capítulo VI

Mibros
IMPRESIONES

Este libro se terminó de imprimir
en marzo de 2004. Tel.: (011) 4204-9013
Gral.Vedia 280, Avellaneda
Buenos Aires - Argentina

Tirada 3000 ejemplares